Retu... ...low.

CW00850459

ENQUÊTES EN ESPAGNE

HACHETTE
français langue étrangère
26, rue des Fossés-St-Jacques
75005 PARIS

Ce recueil comprend trois nouvelles policières :

- Da Capo,
- La Gila,
- Terra Meiga contre MGW,

primées lors du concours « Enigme 83 » organisé par le Bureau d'Action Linguistique du Service Culturel de l'Ambassade de France à Madrid, avec le soutien du Ministère des Relations Extérieures, Sous-Direction de la Politique Linguistique, et la participation du B.E.L.C.

Couverture : maquette de G. Amalric - photo : RAPHO-Dailloux.

ISBN 2.01.010228.2
© HACHETTE 1984 79, boulevard Saint-Germain - F 75006 PARIS

Introduction

En 1983, les élèves des lycées et des universités espagnols se sont lancés dans une étonnante aventure : un concours de rédaction en français de romans policiers, dans le cadre d'une opération d'animation baptisée du nom suggestif : « Énigme 83 ».

Cette remarquable expérience pédagogique a porté ses fruits : quelques mois plus tard, plus de deux cents productions collectives étaient achevées, dont quelques-unes excellentes.

Pour éviter les pastiches de Simenon, il avait été demandé aux concurrents de situer leurs intrigues dans leur pays. Ces mystères espagnols sont donc, en réalité, en deçà des Pyrénées et du point de vue de leurs auteurs. Nous avons sélectionné trois des meilleurs récits, situés dans trois régions différentes et que diversifient également le style, l'atmosphère et la structure narrative.

DA CAPO est probablement le mieux construit, avec une trame en boucle et un remarquable coup de théâtre à la fin : son cadre est le festival de Grenade et l'intrigue s'y noue en arabesque.

LA GILA est une remontée dans le temps en même temps qu'une descente dans les abysses de l'amour possessif : cette sombre histoire provinciale de fureur et de jalousie est d'une étonnante densité romanesque.

TERRA MEIGA CONTRE MGW, derrière une écriture humoristique pleine de clins d'œil, nous propose la revanche écologique de la terre galicienne contre les centrales et les machines. Mais qui est l'instrument de cette vengeance ?

Bravo donc les Espagnols, et rappelez-vous que Dannay et Lee ont commencé comme vous par un concours dont ils n'ont même pas touché la prime mais qui les a fait très vite entrer dans le panthéon du polar sous le nom d'Ellery Queen. Au fait, avez-vous lu *Le Mystère espagnol* ?

Francis DEBYSER
B.E.L.C.

Préface

De même que la tragédie classique a ses trois unités (lieu, temps, action), l'histoire policière obéit à trois règles d'or, mais n'anticipons pas.

La toute première histoire policière, *Double assassinat dans la rue Morgue*, fut écrite en 1841. Son auteur, Edgar Poe, en un éclair de génie, ébaucha du même coup une théorie du récit de mystère, en trois points très simples (nous y voici) auxquels nul avant lui n'avait songé :

— Nécessité pour l'écrivain d'établir un plan préalable.

— Éviter la confusion des genres, trop fréquente à l'époque dans la littérature populaire.

— Indispensable brièveté du récit.

Ce que nous appelons aujourd'hui « nouvelle policière » découle encore, près d'un siècle et demi plus tard, des trois règles d'or. L'histoire de mystère, courte et frappante comme un uppercut, comprend quantité de chefs-d'œuvre, et les plus grands écrivains du monde entier s'y sont essayés.

Mais... (car un grain de sable se glisse toujours dans les mécaniques les mieux huilées) le genre « policier », tout en connaissant un succès extraordinaire et jamais démenti au fil des années, fut longtemps considéré comme mineur, et en tant que tel déconseillé aux mineurs, puisque susceptible de détourner, par son aspect ludique, la jeunesse studieuse d'œuvres plus ambitieuses, pour ne pas dire austères, voire rebutantes.

La nouvelle policière était honnie, exclue, exilée de la Culture Majuscule... et dévorée en cachette avec un plaisir accru par sa clandestinité.

Or voilà que, depuis quelques années, grâce à une poignée de fanatiques devenus apôtres et missionnaires, le crime littéraire est enfin sorti du ghetto. Il a désormais droit d'asile dans les bibliothèques, droit de lecture dans les établissements scolaires, enfin droit de cité à l'Université, où pullulent les thèses étudiant l'historique et le devenir du genre, sa combinatoire et sa sociologie.

Mais je ne crois pas que quiconque, avant la publication de ce recueil, ait jamais mis l'accent sur deux fonctions essentielles du récit policier. Après avoir donné envie de lire, il donne envie d'écrire. Ce livre en apporte la preuve éclatante.

*
* *

C'est Jean Giono qui l'a dit : l'histoire policière est le conte de fées des temps modernes.

Trois bonnes fées se sont penchées sur la naissance de ce livre.

C'est en effet sur la triple impulsion du ministère des Relations extérieures, de l'Alliance Française et du Bureau pour l'enseignement de la langue et de la civilisation françaises à l'étranger que fut lancée l'opération ÉNIGME 83.

Il s'agissait de créer, à travers toute l'Espagne, un concours de nouvelles policières réservé à tous les jeunes Espagnols apprenant notre langue.

Plus de 450 enseignants, répartis dans les lycées, collèges, universités et Alliances, répondirent avec enthousiasme à cet appel pour la promotion de la langue française. Des groupes de travail constitués, 300 menèrent leur tâche à bien.

Voici donc trois récits policiers écrits directement en français par des étudiants espagnols, qui constituent un échantillonnage représentatif du genre.

On y retrouve naturellement les trois règles d'or initiales, mais aussi les « trois traits pertinents » indispensables au plaisir du lecteur :

— Un mystère.
— Des caractères.
— Une atmosphère.

De la Galicie à la Castille en passant par l'Andalousie, laissez-vous entraîner dans cette ronde du mystère. Ronde à trois temps, faut-il le préciser ?

Ah ! J'allais oublier ! A nos règles de trois, il convient d'ajouter un ingrédient majeur : l'humour.

Les trois règles, comme les trois Mousquetaires, étaient quatre !

Élémentaire, mon cher lecteur !

Michel Lebrun
Grand prix de littérature policière.

DA CAPO

María-Dolores ABRIL MORILLAS
Adoración BAUTISTA NAVARES
Obdulia CASTILLO GARCIA
Gloria CORREA FERNANDEZ
Juan CORREA FERNANDEZ
María-Dolores CHAMORRO GUERRERO
Susana DIAZ HITA
Alberto-Javier FERNANDEZ MARTIN
Natalia GARCIA AGUADO
Antonio-Salvador GONZALES GALLARDO
María-Mercedes GONZALES MOLES
Isabel HERRUZO GUERRERO
María del Carmen HOCES SANCHEZ
María-José MARTINEZ REDONDO
Isabel-Cecilia MEDEL PEINADO
Antonio RAMIREZ PEREZ

Avec la collaboration de :

Lise ROCHETTE

I

Le taxi vire à l'entrée de l'aéroport de Grenade et s'arrête brusquement dans un crissement de freins. L'homme glisse deux billets dans la main du chauffeur, empoigne son sac et se précipite vers la porte, juste au moment où l'on annonce le vol en provenance de Madrid.

Alberto Román, tout en sortant son magnétophone de son sac, se dirige à grandes enjambées vers la porte de sortie des passagers. A quarante-six ans, il conserve une allure sportive ; sa profession de journaliste y est sûrement pour quelque chose : il faut toujours se dépêcher et cela permet de rester mince.

Braquant son micro vers la bouche d'un voyageur barbu et bronzé, il s'annonce :

« Bonjour, Monsieur Da Silva. Alberto Román, journaliste du *Sud-Est*. Vous me permettez de vous poser quelques questions ?

— Oui,... mais je ne dispose que de très peu de temps.

— Voyage d'affaires ou d'agrément ?

— J'ai envie de joindre l'utile à l'agréable. On m'a dit que Grenade est une ville tellement fascinante...

— Est-ce vrai que vous venez chercher des extérieurs pour votre nouveau film ?

— Peut-être... mais rien n'est encore décidé...

— Parlez-nous un peu de votre film.

— Désolé. Je ne parle jamais de mes projets avant qu'ils soient réalisés.

— Même pas un petit peu ?

— N'insistez pas, s'il vous plaît.

— Merci. Vous savez que la discrétion n'est pas la principale qualité des journalistes ! Au revoir, Monsieur Da Silva. Bon séjour à Grenade.

— O.K. Au revoir. »

Ouf ! Difficile de se débarrasser des journalistes ! Comment a-t-il pu savoir que j'arrivais ? se demande le metteur en scène brésilien.

Ses bagages récupérés, il saute dans un taxi.

« A l'hôtel Alhambra Palace, s'il vous plaît. Nous en avons pour combien de temps ?

— Une demi-heure, trois quarts d'heure, ça va dépendre de la circulation. »

En arrivant à l'hôtel, on lui donne la chambre 142. Une douche rapide, un costume propre et à neuf heures quinze, João Da Silva descend l'escalier. Il ne prend jamais l'ascenseur pour descendre ; c'est une question de principe... et de coquetterie ! Personne dans les couloirs.

Tout le monde est déjà dans la salle de restaurant. Il y a surtout des étrangers, peu d'Espagnols. João jette un coup d'œil sur la salle ; plus une table libre. Il en avise une occupée par une jeune fille solitaire. Elle n'a pas l'air Espagnole.

« Pardon, c'est occupé ?

— Non, je n'attends personne.

— Ça ne vous dérange pas si je m'assois ?

— Non, pas du tout. Au contraire, avec plaisir.

— Merci. Je m'appelle João Da Silva.

— Et moi, Valérie Girard.

— Vous n'êtes pas Espagnole, n'est-ce pas ? Euh... Française probablement ?

— Vous l'avez deviné ! Et vous, d'où venez-vous ?

— Moi, je suis Brésilien. Je me trouve à Grenade pour terminer un film.

— Comment, vous êtes metteur en scène ? Quelle coïncidence ! Moi, je suis actrice ! »

Le repas se passe ainsi agréablement à parler métier.

Après dîner, ils décident d'aller prendre un verre. Ils se dirigent vers le bar quand Valérie s'arrête brusquement et, sans attacher d'importance aux gens qui l'entourent, saute au cou d'un homme en criant :

« Pietro ! Quelle surprise ! Mais, dis-moi, mon chou, qu'est-ce que tu fais là ? »

Pietro explique qu'il est venu à Grenade pour donner un concert dans le cadre du Festival annuel de Musique et de Danse. Plongée dans leur conversation, Valérie en a oublié João qui, seul au comptoir, décide de s'approcher :

« Hum ! Je ne voudrais pas vous déranger, mais...

— Oh ! Le pauvre ! Je ne sais comment m'excuser mais, vous savez, il y a si longtemps que je n'avais vu mon ami Pietro !

— Ça n'a pas d'importance.

— Je vais faire les présentations : voici João Da Silva, metteur en scène brésilien, et Pietro Bertolini qui est venu donner un récital dans le cadre du Festival. »

La conversation roule naturellement sur la musique et le cinéma. Pietro essaie de satisfaire certaines de ses curiosités sur le tournage et João lui explique ce qu'il veut savoir, mais le bruit de l'hôtel le dérange.

« Oh ! Ces hôtels ! J'en ai assez ! Je n'arrive pas à m'y sentir à l'aise. Si je pouvais trouver une maison dans un quartier tranquille ! Ce serait autre chose !

— Ça ne doit pas être difficile à trouver. Il y a à Grenade un quartier, l'Albaicín, qui ressemble à un petit village avec de charmantes villas à flanc de colline. Elles sont typiques ; comment les appelle-t-on déjà ?

— Vous voulez sans doute parler des « carmens », Mademoiselle, intervient le serveur.

— Oui ! C'est ça !

— Alors, demande João, pourriez-vous m'ex-

pliquer plus exactement ce qu'est un carmen
et ce qu'il faut faire pour en louer un ?

— Eh bien, ce sont des maisons confortables
qui ont généralement un beau jardin et presque
toujours une vue splendide sur les plus beaux
quartiers de Grenade. Certaines appartiennent
à des étrangers et sont inoccupées, comme le
carmen de Monsieur Hatson ou bien celui de
Madame Zinnermann. Pour ceux-là, il faudrait
que vous alliez à l'agence immobilière *La
Granadina*. Mais il y en a d'autres qui appartiennent à des Espagnols, comme celui de
Madame Olivares ou des époux Peinardo, et
aussi...

— Merci, c'est plus que suffisant ! Est-ce que
vous connaissez l'adresse de ces deux derniers ?

— Oui. Je vais vous les noter.

— Oh ! Il est tard ! dit Pietro. Valérie,
Monsieur Da Silva, il faut que je vous quitte.
Je suis mort de fatigue. On se voit demain au
petit déjeuner ?

— D'accord, à demain alors.

— Garçon, c'est combien ?

— 375 pesetas, Monsieur.

— Voilà, et merci bien pour tous vos
renseignements. »

João et Valérie sortent du bar et se dirigent
vers leur chambre respective. Eux aussi ont
besoin de repos.

Le bar est encore très animé. Les conversations
continuent. Personne ne regarde sa montre...

II

La clochette du magasin d'antiquités sonne. A l'intérieur, les objets anciens sont présentés avec un goût qui en dit long sur la compétence du propriétaire. De la propriétaire plutôt, car, observe mentalement l'homme qui vient d'entrer, c'est sûrement une femme qui tient ce magasin. Une légère odeur de santal flotte dans l'atmosphère. Les cuivres brillent discrètement, les couleurs des céramiques sont mises en valeur par une lumière savamment dosée ; quelques vitrines abritent bibelots et petits objets précieux : pièces de monnaie, bagues, bracelets, colliers, boucles d'oreilles, fibules, montres de poche avec leur chaîne, tabatières en or ou en argent. Beaucoup d'objets arabes, remarque le client, qui s'y connaît dans ce domaine.

Une jeune fille descend l'escalier qui débouche au fond du magasin. Ses cheveux sont noués sur la nuque et elle n'est pas maquillée. Elle s'avance vers le client, à l'élégance un peu trop voyante à son goût.

« Bonjour, Monsieur, dit-elle en souriant.

— Bonjour, Mademoiselle, répond l'homme tout en pensant : « Très joli sourire ! » Vous avez là un bien beau magasin !

— Oh ! Il n'est pas à moi, se défend-elle en rougissant légèrement. Je ne suis que vendeuse. Madame Olivares serait contente de vous entendre dire ça.

— Me permettez-vous de voir ce que vous avez comme poteries marocaines ? Je suis collectionneur, en quelque sorte...

— Mais bien sûr, Monsieur. Nous avons quelques belles pièces. Suivez-moi, je vais vous montrer le coin des céramiques.

— C'est au premier ?

— Non. Là-haut, nous avons les tapis et les tableaux. Madame Olivares est très compétente en peinture. Elle a elle-même un bon coup de pinceau. Voilà, c'est ici. Prenez votre temps pour regarder en détail, Monsieur. »

La clochette tinte à nouveau. Cette fois, c'est un homme d'environ quarante-cinq ans, assez grand, corpulent, au visage brun, un soupçon de double menton à demi caché par la barbe, lunettes cerclées de métal derrière lesquelles des yeux enfoncés mais très vifs regardent tout avec grand intérêt. Pas vraiment beau, mais très typé. Un air artiste comme on dit. Lui aussi a l'air d'apprécier l'ambiance du magasin. La vendeuse abandonne momentanément son client pour s'occuper du nouveau venu.

« Monsieur ?

— Bonjour, Mademoiselle. La propriétaire n'est pas là ? On m'a dit qu'il y avait un carmen à louer et je venais me renseigner.

— Madame Olivares ne devrait pas tarder à revenir. Pourriez-vous l'attendre un instant ?

— Mais oui, Mademoiselle. Je vais en profiter pour jeter un coup d'œil sur les antiquités.

— D'accord. Vous êtes intéressé par quelque chose de particulier ?

— Non, mais j'aime tout ce qui touche à l'art.

— Vous exercez une profession artistique ? Peintre ?

— Non. Je fais du cinéma. Je suis metteur en scène.

— Ah ! Ce doit être très intéressant ! Bon, je vous laisse regarder. »

La jeune fille revient vers son client. Il caresse de la main une *jebana* de taille respectable, à motifs bleus, soulève le couvercle, passe ses doigts à l'intérieur : il y a une légère fêlure, mais la céramique est en très bon état. Il la regarde, fasciné.

« Magnifique, ce pot à beurre, n'est-ce pas ? XVIIe siècle. C'est la plus belle pièce que nous ayons et la plus ancienne. Vous avez vu les plats à couscous ?

— Oui, celui-ci me paraît intéressant, mais j'en ai déjà beaucoup. Je préfère ça. Jamais je n'aurais pensé en trouver une à Grenade !

— Et la céramique de Faja Lauza, vous n'aimez pas ?

— Si, mais je ne peux pas tout collectionner. Je préfère me limiter à la poterie marocaine pour le moment. Allez, je vais la prendre : je ne peux pas résister à la tentation. Mais je dois faire d'autres courses. Pouvez-vous me l'envoyer à l'hôtel ?

— Bien sûr, Monsieur.

— Voilà ma carte de visite. Je vous note l'adresse et le numéro de chambre. Vous acceptez les cartes Visa ?

— Mais certainement », répond la jeune vendeuse, tout heureuse d'avoir vendu une belle pièce.

Le collectionneur est à peine sorti que la porte du magasin s'ouvre à nouveau. Une femme élégante, brune, aux cheveux courts très bien coiffés, entre d'un pas décidé.

« Bonjour, Ana. Bonjour, Monsieur, dit-elle.

— Madame Olivares, je vous présente Monsieur...

— Da Silva, João Da Silva. »

Angustias Olivares s'approche, l'air dégagé et lui tend la main, une lueur ironique dans les yeux.

« C'est vous le célèbre metteur en scène brésilien ?

— Oui, Madame.

— En quoi puis-je vous être utile ?

— On m'a dit que vous avez un carmen à louer. J'aimerais en connaître les conditions.

— Venez. Nous serons plus à l'aise dans mon bureau pour en parler. »

Angustias conduit João à l'étage dans un bureau très design, séparé du magasin par une porte coulissante.

Restée en bas, Ana s'est approchée de la vitrine pour voir tomber la pluie. Elle aime beaucoup les orages d'été. Ça sent bon la terre mouillée. Tout le monde court dans la rue.

Tiens, voilà Jordi qui vient se réfugier dans le magasin. Ana le regarde affectueusement et rit. Comme il est drôle avec ses longs cheveux blonds tout mouillés ! Il entre en coup de vent et s'ébroue.

« Bah ! Quel temps ! »

Ana s'approche de lui et lance ironiquement :

« Tiens, Jordi ! C'est toi ? Que vient faire un garçon comme toi dans un endroit pareil ?

— Je passais te dire bonjour. Tu vas bien ?

— Pas aussi bien que je voudrais depuis que tu ne viens plus.

— Ah bon ? C'est gentil de me dire ça. Alors, comment vas-tu ? Et tes cours de musique ?

— Ça va. Ah ! Ça me rappelle que j'ai des invitations pour aller à un concert à l'auditorium Manuel de Falla. Une seconde, Jordi, je vais les chercher ! »

Ana monte au bureau et frappe.

« Entrez !

— Excusez-moi, je viens chercher les places de concert. C'est vous qui les avez ?

— Oui, je crois qu'elles sont là, dans le tiroir. Les voilà.

— C'est le concert où doit jouer Pietro Bertolini ? demande João.

— Oui, répond Angustias.

— Oh ! J'aimerais bien y aller. Où peut-on acheter des billets ?

— Oh ! Monsieur ! A cette date, ce n'est plus possible ! Toutes les places sont vendues

plusieurs mois avant le début du Festival. Mais
j'y pense, j'en avais pris une pour mon mari
qui a dû partir en voyage. Si vous voulez
m'accompagner...

— J'en serai ravi et je pourrai vous présenter
le pianiste. J'ai fait sa connaissance à l'hôtel. »

Ana redescend avec les billets, mais Jordi ne
partage pas son enthousiasme.

« Tu sais bien, Ana, que la musique classique
m'ennuie !

— Tant pis pour toi ! Parce qu'il n'y aura
pas que de la musique, tu sais...

— Ah bon ? Qu'est-ce qu'il y aura d'autre ?

— Une exposition de peinture, dans le hall
de l'auditorium.

— De qui ?

— Attends que je me rappelle... Il y a
plusieurs peintres, des compatriotes à toi...

— Des peintres catalans ?

— Oui, c'est ça. Il y en a un qui s'appelle
Tati... Tapis... Je ne sais plus !

— Tapies ! Mais ça m'intéresse énormément !
C'est un peintre très connu ! Quand j'étais aux
Beaux-Arts, à Barcelone, j'ai fait des copies de
ses tableaux et je connais bien sa technique.
Il est très coté, tu sais !

— Alors, tu es d'accord pour m'accompagner ?

— Bien sûr, ma petite. Tu sais bien que
j'adore la musique classique ! Ah ! Oui, mais
je n'ai pas un rond !

— Ce que tu peux être bête ! Je t'ai dit que

ce sont des invitations que ma patronne m'a données parce qu'elle sait que j'apprécie la musique.

— Ça, c'est super ! Alors, à quelle heure on se retrouve demain ?

— A huit heures, devant le Conservatoire, d'accord ?

— D'accord, je t'attendrai à la sortie de ton cours. »

III

Les lumières se sont éteintes. Les applaudissements retentissent au moment où le pianiste entre en scène. Pietro Bertolini salue le public et s'assied au piano.

Un silence religieux se fait dans l'auditorium. Les doigts de Pietro commencent à courir sur le piano.

Ana, en connaisseuse, est plongée dans la musique. Elle en a oublié Jordi. Lui, au contraire, semble plus s'intéresser à elle qu'à la musique. Il essaie de lui parler, mais elle ne l'entend pas, tant elle est absorbée. Jordi commence à regarder à droite et à gauche, se retourne, et soudain, trois rangs derrière lui, le regard d'une jeune femme retient son attention. Ce regard séducteur, il le connaît bien... c'est celui de Valérie Girard.

Quelques rangs plus loin, João et Angustias écoutent, eux aussi sous le charme de la musique. En l'absence de son mari, Angustias n'est pas fâchée d'avoir un metteur en scène à ses côtés. Elle est resplendissante, remarquablement élégante. Ses bijoux scintillent dans la demi-obscurité. Elle aime sentir les yeux des autres sur elle. João, quant à lui, apprécie autant la musique qu'il écoute que la belle dame qui l'accompagne.

Les bravos éclatent ; c'est la fin de la première partie.

Le public remue, tousse et se détend. Les amateurs donnent leur avis sur l'interprétation de Pietro. D'autres parlent de tout et de rien. La plupart des spectateurs sortent de la salle de concert pour se dégourdir les jambes et surtout pour voir l'exposition de peinture catalane dans le hall.

« Ana !

— Ah ! Bonsoir, Madame Olivares.

— Je vois que vous êtes en bonne compagnie !

— Oui, c'est mon ami Jordi qui prépare un diplôme sur l'art musulman. Il est Catalan et l'exposition de ses compatriotes l'intéresse tout spécialement. Plus que la musique, d'ailleurs ! Jordi, je te présente Madame Olivares, c'est la propriétaire du magasin d'antiquités où je travaille.

— Enchanté, Madame. Et s'adressant à João : Excusez-moi, Monsieur, ne seriez-vous pas par hasard le metteur en scène João Da Silva ?

— Eh oui ! C'est ce qu'on dit ! Vous, vous êtes amateur de cinéma...

— Effectivement, mais... excusez-nous, nous allons voir l'exposition. »

Les deux jeunes gens se perdent entre les petits groupes devant les tableaux de Tapies, Picasso et Miró. Jordi regarde en connaisseur et explique à Ana l'évolution des techniques et des thèmes.

« Oh ! regarde, Jordi, s'exclame Ana qui va plus vite que son ami. Ce tableau de Tapies, avec le taureau ailé et la lune... *Hommage à Federico García Lorca*... Tu vois, la Catalogne et l'Andalousie réunies ! Tiens, en voilà un autre en l'honneur de Miguel Hernández. Ma foi, je l'aime bien, moi, ton Tapies !

— Oh ! Voilà déjà la petite musique qui annonce la deuxième partie du concert. Nous n'aurons pas le temps de tout voir.

— On reviendra un autre jour. »

Le hall se vide progressivement. Au moment d'entrer dans la salle, Jordi dit à Anna :

« Va t'asseoir, je reviens tout de suite.

— Bon, mais dépêche-toi ! »

L'étudiant fait demi-tour et se dirige vers une silhouette dans le hall :

« Qu'est-ce que tu fais là ?

— Eh bien, Jordi, tu n'as pas l'air ravi de me voir ! Nous avons pourtant de bons souvenirs en commun !

— Tu n'as pas répondu à ma question, Valérie.

— Eh bien, j'aime la musique classique et en plus, le pianiste n'est pas mal du tout !

— Toujours la même ! »

Dans la salle de concert, Ana se retourne sans cesse vers la porte d'entrée.

« Ah, te voilà enfin, Jordi !

— Tu sais bien que je ne peux pas rester longtemps loin de toi.

— Oooh ! »

Tout le monde est installé maintenant. Dans l'obscurité, en silence, le public attend l'entrée en scène du pianiste. Pietro n'arrive pas. Les spectateurs commencent à s'agiter dans leurs fauteuils. Jordi regarde partout. Trois rangs derrière lui, il y a un fauteuil vide...

« Il en met du temps ! dit Jordi. Bon, en attendant qu'il arrive, je retourne voir l'exposition dans le hall. A tout de suite.

— D'accord. »

Les minutes passent, et le pianiste n'est toujours pas là.

Vingt minutes, déjà ! Que se passe-t-il ? se demande Ana. Et Jordi qui ne revient pas !

Soudain, le public se met à applaudir. Le musicien vient d'entrer en scène. João se penche vers Angustias, lui glisse quelques mots à l'oreille et s'éclipse discrètement.

Le visage de Pietro est très blanc et le frac et ses longs cheveux noirs accentuent encore sa pâleur. Lorsqu'il commence à jouer, tous les assistants oublient l'incident et retrouvent leur état de grâce.

*
* *

Le concert est terminé. Le public, debout, applaudit chaleureusement. Ana sort rapidement, déçue et inquiète. Jordi n'est pas revenu...

IV

Ana a passé une nuit pratiquement blanche. Elle n'a pas arrêté de ruminer. Pourquoi Jordi l'a-t-il laissée seule ? Pourquoi ? N'avait-il pas dit qu'il ne sortait qu'un instant ? Elle est triste et terriblement déçue. Son regard se pose sur le téléphone. Jordi lui avait donné son numéro et lui avait dit de l'appeler si elle recevait de nouveaux objets d'art musulman. Elle hésite un moment, puis se décide et décroche.

« Allô !

— Allô ! C'est la résidence Isabelle la Catholique ?

— Oui, c'est bien ça.

— Pourrais-je parler à Jordi Puigvert, s'il vous plaît ?

— Vous êtes de la famille ?

— Non, je suis une amie, Ana Martin.

— Mais Mademoiselle, vous n'avez pas lu le journal ce matin ? Je suis navré de vous l'apprendre, mais il n'est pas rentré cette nuit.

Il a été tué par des loubards près de l'auditorium
Manuel de Falla.

— ...

— Mademoiselle ? Allô ? Mademoiselle ?

— ... »

Ana raccroche le téléphone très lentement.
Ses yeux se remplissent de larmes. Non ! Ce
n'est pas possible ! Jordi, non ! Pourquoi lui ?
Mon meilleur ami ! Jordi, Jordi, pourquoi toi ?
Toi que j'aimais tant ! J'étais si bien près de
toi ! Maudits assassins !

Ana se jette sur son lit et pleure à gros
sanglots. Elle aimait tellement Jordi !

*
* *

Une voiture s'arrête devant le magasin
d'antiquités. Un homme en sort et se dirige
vers la porte. Angustias et Ana sont en train
de changer la vitrine du magasin. La clochette
de l'entrée tinte et le client entre.

« Bonjour, Mesdames !

— Ah ! C'est vous, Monsieur Da Silva ?
Qu'est-ce qui vous amène ? Vous avez des
problèmes avec le carmen ?

— Non, ce n'est pas ça. Je voudrais aller
dîner dans un restaurant typique et je n'en
connais aucun. Aimeriez-vous m'accompagner ?
Je vous invite.

— Pourquoi pas ? C'est une bonne idée.

— Alors, Madame, je ferme le magasin après votre départ ? demande Ana.

— D'accord, comme ça, j'aurai le temps de me préparer.

— Mais Ana, vous ne nous accompagnez pas ? demande João.

— Non merci, je ne me sens pas très bien en ce moment.

— Allons, si ça ne va pas très bien, venez vous changer les idées avec nous.

— Oui, viens avec nous, Ana, ça ne sert à rien de rester toute seule dans ton coin.

— C'est gentil, mais...

— Allez, pas d'histoires, intervient João. Fermez le magasin et on y va tous les trois. »

Ana n'a pas la force de refuser.

Pendant le dîner, João propose à Angustias de décorer le carmen, mais, malheureusement, elle ne peut pas s'en charger, elle a beaucoup de travail actuellement : elle a plusieurs tableaux en train.

« J'espère quand même que vous trouverez un moment pour venir à la petite fête que j'ai l'intention de faire quand le carmen sera aménagé.

— Je n'y manquerai pas, ajoute Angustias, mais à condition qu'Ana m'accompagne. D'accord ? »

Étonnée par la gentillesse de sa patronne, Ana acquiesce d'un mouvement de tête.

V

« Oh ! C'est sensationnel ce que vous êtes arrivé à faire en si peu de temps, dit Valérie, émerveillée, en descendant l'escalier au milieu de tous les invités. J'espère que je pourrai occuper une chambre de temps en temps ! J'adore celle du grand balcon, en haut !

— Venez quand vous voudrez, ma chère. Vous serez toujours la bienvenue.

— Vraiment, c'est formidable ! Mes félicitations à votre décorateur, il a un goût exquis. Je n'aurais peut-être pas fait aussi bien, remarque Angustias, une pointe de regret dans la voix.

— Bien sûr que si, ma chère amie. C'est même dommage que vous n'ayez pu vous en occuper vous-même. Bon, maintenant, que diriez-vous d'un verre ? Passons au living et que chacun se serve. J'ai fait préparer un buffet typique de la région. »

Tout le monde s'installe. Valérie se laisse tomber sur un canapé et se voit tout de suite entourée d'invités... masculins.

« Qu'est-ce que tu veux prendre, Valérie ?

— Une sangría, s'il te plaît, Carlos. J'adore ça !

— C'est tout ? Tu ne veux pas un petit morceau de chorizo, quelque chose à manger ?

— Non merci, rien du tout. Je tiens à garder ma ligne. Pietro, mon chou, approche-toi. Ce costume te va très bien. Tu es encore plus beau que d'habitude.

— Toi aussi, Valérie. Tu es merveilleuse, ce soir. Tu veux prendre un verre ?

— Non, un ami va m'en apporter un, merci. »

Le buffet que João a fait préparer a du succès. Sangría, olives, chorizo, jambon de montagne, boudin frit. Tout est très appétissant et les invités lui font honneur. Carlos sert la sangría à Valérie avec une jolie petite louche dorée pendant que le journaliste Alberto Román remplit une assiette pour son amie Isabel et pour lui.

Angustias s'approche du buffet, en grande conversation avec un homme à l'allure étrangère. Il est question de Brésil et son compagnon l'invite au carnaval de Rio, mais João qui passe à côté d'eux intervient avec son autorité habituelle :

« C'est moi qui ferai le guide ! »

La musique d'ambiance est brésilienne. En sourdine, Jaime Marques joue des sambas. Valérie, fatiguée de la conversation insipide, se lève d'un mouvement vif, augmente le volume de l'électrophone et se met à danser. Elle ne peut pas résister aux rythmes sud-américains. Elle porte une robe très ajustée et les ondulations de ses hanches attirent tous les regards. Un Brésilien se lève et danse avec elle. Quelques couples se décident aussi : Alberto et Isabel, Pietro avec une dame assez ronde.

João, dans son rôle de maître de maison, jette un coup d'œil circulaire pour voir si tous ses invités s'amusent. Il aperçoit Ana sur la terrasse. Il s'avance vers elle.

« Ana, que faites-vous là toute seule ? Ça ne va pas ?

— Non, je ne suis pas très en forme. Je suis sortie pour respirer un peu d'air pur.

— Allons ! Entrez et prenez quelque chose. Je veux que tout le monde soit content ce soir.

— Allez-y, je vous rejoins dans un moment. »

En rentrant dans la pièce, Ana voit avec surprise que sa sœur est là.

« Isabel ! Je ne m'attendais pas à te voir ici !

— Je suis venue avec Alberto Román, un ami journaliste. Je ne crois pas que tu le connaisses. Et toi ? Qu'est-ce que tu fais là ?

— Attends, dis-moi, qui est Alberto ?

— Je viens de te le dire : un journaliste.

— Ah oui ! Excuse-moi. Je n'arrive pas à fixer mon attention depuis quelques jours.

— Il s'est passé quelque chose ?

— Oui... enfin... ça n'a pas d'importance. »

Mais Isabel n'est pas très convaincue par la réponse de sa sœur et elle insiste :

« Je suis sûre qu'il t'est arrivé quelque chose. Je te connais assez pour... Allez ! raconte... Peut-être que je pourrai t'aider.

— Bon, il s'agit d'un garçon que j'avais connu au magasin. Il s'appelait Jordi.

— Il s'appelait ?

— Il est mort. Laisse-moi te raconter. Nous sommes allés ensemble au récital de piano de Manuel de Falla. Ce jour-là, il y avait une exposition de peinture catalane. Jordi avait fait les Beaux-Arts. Il aimait beaucoup la peinture. A l'entracte, nous avons regardé les tableaux. Au début de la deuxième partie, comme le pianiste n'arrivait pas, il est sorti revoir l'exposition dans le hall. Moi, je suis restée dans la salle... C'est la dernière fois que je l'ai vu. Je croyais qu'il m'avait posé un lapin, mais le lendemain, quand j'ai appelé la résidence où il habitait, on m'a appris sa mort. Le journal disait qu'il avait été tué par des voyous. C'était vrai... Il était bien mort...

— C'est affreux... et étrange.

— Il m'avait dit qu'il allait revoir l'exposition mais je ne savais pas qu'il allait sortir dehors. Il aimait beaucoup la peinture. Il était si gentil... aimable... »

La voix d'Ana se brise. L'émotion la domine. Elle se met à pleurer.

« Ana, essaie d'oublier, dit Isabel en la prenant par les épaules. Il n'y a plus rien à faire. N'y pense plus.

— Non, je ne peux pas. Il y a des choses que je n'arrive pas à comprendre. Demain, je vais aller voir la police.

— Tu as peut-être raison. C'est une histoire bizarre. Mais tu vas te rendre malade si tu penses trop à ce garçon. »

Ana essuie ses larmes. Isabel fait demi-tour et se heurte à Angustias.

« Oh ! pardon, s'excuse Isabel. Je vous ai taché votre belle robe. Je ne vous avais pas vue...

— Ça ne m'étonne pas, avec ces lumières indirectes... Ne vous inquiétez pas, le champagne, ça ne tache pas. »

Quelle femme dynamique ! pense Ana en regardant sa sœur s'éloigner. On ne se ressemble vraiment pas. Et elle retourne à ses pensées.

« Alberto, tu as publié la nouvelle de la mort d'un certain Jordi ? demande Isabel au journaliste.

— Oui. C'était un étudiant de Barcelone. Il a été tué par des voyous.

— Oui ! Je me rappelle, intervient une grosse dame. Quel dommage ! Un garçon si jeune ! A Grenade, c'est rare qu'il se passe des choses comme ça. Vraiment, on n'est plus en sécurité nulle part !

— C'est d'autant plus impressionnant quand on connaît la personne, dit Valérie qui vient se mêler à la conversation.

— Vous le connaisssiez? demande Isabel.

— Oui, nous avons été de très bons amis. J'ai appris la nouvelle il y a deux jours. J'ai été bouleversée. C'était un garçon qui n'avait pas de problèmes, du moins en apparence. Il vivait sa vie et laissait vivre les autres...

— Oh, vous savez, on ne sait jamais, avec la jeunesse d'aujourd'hui ! Une voisine m'a raconté un autre cas semblable... Mais, nous sommes là pour passer un moment agréable, pas pour nous raconter des histoires morbides, dit Angustias.

— Vous avez raison. Pietro, pourquoi ne nous joues-tu pas quelque chose de gai ? Il y a un piano là-bas qui n'attend que tes doigts de virtuose...

— Avec joie, Valérie. J'aurai grand plaisir à jouer devant un public aussi distingué... »

VI

« Ana ! Voulez-vous venir, s'il vous plaît !

— J'arrive, Madame. »

Angustias sort du bureau, des papiers dans les mains.

« Vous vous souvenez que vous devez livrer la céramique arabe à l'hôtel Washington Irving ? J'ai peur que le client reparte.

— Ah oui, c'est vrai ! Mais ma petite Fiat est chez le garagiste. Je prends l'autobus ?

— Pas question ! C'est un objet trop précieux pour prendre des risques. Prenez ma voiture. Elle est garée dans la petite rue. Voilà les clefs.

— Bon. Je me dépêche. Je reviendrai le plus vite possible. »

Ana sort du magasin et dépose le paquet avec précaution sur le siège arrière.

Pendant le trajet, Ana ressasse, une fois de plus, les mêmes pensées. Ce meurtre de Jordi, elle n'arrive pas à y croire. Elle se revoit seule à la fin du concert, déçue et inquiète. Pourquoi n'est-il pas revenu ? Et les voyous, qu'avaient-ils pu lui voler ? Il lui avait dit qu'il n'avait pas d'argent. Sa montre ? En voilà une raison pour tuer quelqu'un ! Et ce retard du pianiste ? Et cette fille au regard incendiaire qui avait parlé de Jordi comme si elle le connaissait très bien. Il lui semble maintenant l'avoir aperçue au concert... Non, vraiment, tout n'est pas clair. Cette fois, elle est décidée. Dès qu'elle aura terminé sa livraison, elle ira au commissariat.

Arrivée à l'hôtel Washington, Ana demande au réceptionniste d'appeler Monsieur Valverde. Personne ne répond : le client doit être sorti. Ana pense d'abord laisser son paquet à la réception mais, finalement, elle décide de le rapporter au magasin. Madame Olivares l'a habituée à être prudente avec les objets de valeur.

Ana remonte dans la voiture et démarre. Elle descend tranquillement vers la Cuesta de los Civiles, prend le virage devant l'hôtel Alhambra Palace. En quelques secondes, elle se retrouve au milieu de la descente. Un coup d'œil au compteur : comment peut-elle rouler si vite ? Deux coups de frein rapides : aucun

effet. Elle écrase la pédale : impossible de réduire
la vitesse. Le frein à main, vite ! Elle tire le
levier de toutes ses forces : il retombe. Aucune
chance de s'en sortir. Ana devient livide. Des
gouttes de sueur froide glissent de son front et
s'accumulent sur ses lèvres devenues blanches.
La gorge sèche, elle tremble de tout son corps,
terrorisée à la vue du mur qui se rapproche.
Prise de panique, elle donne instinctivement
un violent coup de volant pour éviter le mur
fatidique et rentre dans un arbre. Le choc est
terrible. Elle entend vaguement une sirène dans
le lointain avant de perdre entièrement
conscience.

VII

Alberto arrête sa voiture devant le commissariat. Il regarde Isabel qui est assise à côté
de lui.

« Tu veux que je t'accompagne ? »

Isabel éteint nerveusement sa cigarette. Elle
est fatiguée.

« Ce n'est pas la peine. Je te retrouve tout
à l'heure ?

— Au bar d'en face, d'accord ?

— Oui, répond Isabel tristement.

— Calme-toi. Tout va bientôt s'arranger. »

Alberto l'embrasse. Il la laisse entrer au commissariat avant d'aller garer sa voiture.

Isabel regarde autour d'elle : c'est un lieu froid, sombre et peu accueillant. Un inspecteur lui demande :

« Qu'est-ce que vous voulez, Mademoiselle ?

— Ma sœur a eu un accident. J'ai reçu cette convocation.

— Montrez-moi ça. Ah, oui, Isabel Martin ? Suivez-moi s'il vous plaît, le commissaire Lopez va vous recevoir. »

Tous deux entrent dans un bureau. Un homme corpulent, à demi caché par un nuage de fumée qui sort de son gros cigare, lève les yeux d'un air interrogateur.

« Monsieur le Commissaire, c'est Isabel Martin.

— Ah, oui ! Bonjour, Mademoiselle. Asseyez-vous. »

Isabel s'assoit et sort aussitôt une cigarette. Le commissaire Lopez lui donne du feu et dit :

« Vous avez l'air fatiguée, vous n'avez pas dormi cette nuit ?

— Non, je suis restée à l'hôpital.

— Comment va votre sœur ?

— Elle est toujours dans le coma, répond Isabel. Les larmes lui montent aux yeux.

— J'espère qu'elle reprendra bientôt connaissance. »

Le commissaire se lève, s'approche de la fenêtre, fait tomber la cendre de son cigare. Par où commencer l'interrogatoire ?

« Je vais essayer de vous retenir le moins longtemps possible. Etes-vous très attachée à votre sœur ?

— Nous nous aimons beaucoup, mais nous n'habitons pas au même endroit. Nous ne nous voyons que de temps en temps.

— Vous connaissez ses amis ?

— Pas tous.

— Quand avez-vous vu votre sœur pour la dernière fois ?

— La veille de son accident. Nous nous sommes retrouvées par hasard à une soirée chez un metteur en scène brésilien.

— Et comment avez-vous trouvé votre sœur ?

— Pas en forme du tout. Elle était très affectée par la mort d'un de ses amis.

— Comment s'appelait-il ?

— Attendez que je me souvienne. C'était un nom catalan... Jordi. Je ne me rappelle plus son nom de famille.

— Dans quelles circonstances est-il mort ?

— Il y a quelques jours, le soir du concert de Pietro Bertolini au Manuel de Falla. On l'a retrouvé le lendemain et on a attribué sa mort à une agression de voyous. »

Le commissaire s'approche d'un fichier. Il passe rapidement les fiches en revue, en sort une et demande :

« Jordi Puigvert ?

— C'est possible, mais je n'en suis pas sûre. Pourquoi me posez-vous toutes ces questions pour un simple accident ?

— Ce n'est pas un simple accident ! Nous avons la preuve qu'il a été provoqué. »

Isabel regarde fixement le commissaire. Crispée, elle croise et décroise ses jambes.

« Oh non ! Ce n'est pas croyable ! Qui peut en vouloir à ce point à Ana ? Elle n'a jamais fait de mal à personne... »

Isabel fond en larmes.

« Allons, calmez-vous. Venez, je vous invite à prendre un café au bar d'en face. »

Isabel se lève lentement, ravale ses larmes et arrive à dominer son émotion.

« Allons-y, dit-elle. J'ai un ami journaliste qui m'y attend. Je vais vous le présenter. »

Dans le bar, le commissaire s'approche du comptoir et demande au garçon :

« Deux cafés, s'il vous plaît. Et, se tournant vers Isabel : Vous voyez votre ami ?

— Oui, il est là-bas, au fond, en train de lire.

— Vous nous les servirez à la table là-bas », dit le commissaire au barman.

Lopez et Isabel s'assoient à la table d'Alberto.

« Alors, Monsieur, il paraît que vous êtes journaliste ?

— Oui, Alberto Román, du *Sud-Est*. Vous êtes...

— C'est le commissaire Lopez, intervient Isabel.

— Je m'en doutais !

— Votre journal a publié la nouvelle de la mort de Jordi Puigvert ?

— Oui, dans la rubrique des faits divers. Un bref entrefilet. Mais à mon avis, cette histoire n'est pas aussi simple qu'elle paraît...

— Pourquoi donc ?

— Ce crime commis par de soi-disant voyous, ça ne me paraît pas très convaincant. D'ailleurs, je ne suis pas le seul de cet avis ! Et puis, l'accident d'Ana juste après...

— Justement, ce n'est pas un accident ! interrompt Isabel très agitée.

— Quoi ? Qu'est-ce que tu racontes ? »

Le commissaire adresse à la jeune femme un regard de reproche.

« Mademoiselle Martin a raison, la voiture a été sabotée. Mais il vaudrait mieux ne rien dire jusqu'à ce que l'affaire soit tirée au clair.

— Ne vous inquiétez pas, vous pouvez compter sur moi. Le meurtre mystérieux du jeune Catalan et quelques jours après, cet étrange accident... Curieux, comme coïncidence, n'est-ce pas ?

— Effectivement. Il y a peut-être un lien entre les deux... »

*
* *

Debout, le téléphone à la main, près de la porte de son bureau, Angustias parle nerveusement :

« ... J'en ai assez... Je ne supporte plus cette situation... elle, à l'hôpital !... Bon je te quitte, j'ai un client. A tout à l'heure. »

Elle raccroche et demande à l'homme qui vient d'entrer :

« Vous désirez, Monsieur ?

— Ana n'est pas là ?

— Ah, vous la connaissez ?

— Oui, je suis amateur d'antiquités et je suis venu plusieurs fois.

— Elle n'est pas là aujourd'hui.

— Elle viendra demain ?

— Je ne sais pas.

— Elle est en congé ?

— Vous vouliez voir quelque chose de spécial avec elle ? Je peux vous conseiller si vous le désirez.

— Je suis le cousin de Jordi Puigvert, un ami d'Ana. Elle m'a téléphoné pour me dire qu'il avait été assassiné le soir du récital de piano, et nous devions nous revoir aujourd'hui.

— Elle est malade. Il y a quelques jours qu'elle ne vient pas au magasin.

— Pourriez-vous me donner son adresse ?

— De toute façon, elle n'est pas chez elle. Si vous voulez que je lui fasse une commission, dites-le-moi. Je suis très occupée et je n'ai pas beaucoup de temps à perdre, coupe Angustias, d'un ton sec.

— Je me permets d'insister...

— Bon, puisque vous voulez tout savoir, elle est à l'hôpital, elle a eu un accident de voiture.

— Ça alors ! Elle m'avait pourtant demandé de passer la voir au magasin parce que sa voiture n'était pas disponible !

— Elle avait pris la mienne pour faire une livraison.

— Pourquoi ne le disiez-vous pas ?

— Comprenez-moi : je suis très affectée par l'accident, d'autant plus qu'elle l'a eu avec ma voiture. Et puis, je n'aime pas donner trop de détails aux gens que je ne connais pas.

— Je vais aller la voir à l'hôpital.

— Je ne vous le conseille pas. On ne vous laissera certainement pas entrer. Elle est encore dans le coma.

— Oh ! mon Dieu ! C'est aussi grave que ça ?

— Oui, c'est très grave. »

Le client remercie Angustias et quitte le magasin. Tout en marchant, il réfléchit à ce qu'il vient d'entendre. Pourquoi Angustias Olivares avait-elle voulu cacher l'accident d'Ana ? Était-elle réellement aussi affligée qu'elle le disait ?

Quelque temps après, l'homme frappe à la porte du commissaire Lopez.

« Ah ! C'est vous, Sanchez ! Alors ?

— Mission accomplie. »

VIII

Sur le balcon de l'appartement du dixième étage, un rocking-chair se balance sous le poids respectable d'un amateur frustré d'enquêtes difficiles. Le commissaire Lopez laisse errer son regard sur l'Alhambra, l'auditorium, l'hôtel Alhambra Palace, le quartier des gitans sous le cimetière. Dix étages, c'est un peu haut, en cas de panne d'ascenseur, mais il ne donnerait sa vue pour rien au monde. Obsédé par le cas qu'il doit résoudre, un peu complexé par son manque d'entraînement mais ravi dans le fond (cela le change de sa routine... il se prendrait presque pour Nero Wolf), il cherche l'inspiration dans la fumée de son cigare.

Voyons... d'abord, la jeune actrice, Valérie ; c'est un cas intéressant. Elle a eu une aventure avec Jordi... et peut-être que par amour... ou par dépit... Elle n'a pas assisté à la deuxième partie du concert et Jordi est ressorti... Une discussion et... Avec ces Françaises, on ne sait jamais à quoi s'en tenir ! Mais enfin, qu'une femme de son gabarit et sans arme tue un homme, cela semble assez difficile. Et ce journaliste, il est bien trop curieux ! Il les connaît tous : Ana, Isabel, João, enfin, tous les invités qu'il y avait chez ce Brésilien ! Il a l'air d'en savoir plus qu'il ne le dit ! Pourquoi dit-il que le meurtre du jeune Catalan est bizarre ?

Qu'est-ce qu'il me cache, celui-là, et pourquoi ?
Et Valverde, l'amateur d'antiquités ? Où était-
il quand Ana est arrivée à l'hôtel ? C'est à
cause de lui qu'Ana a pris la voiture. Il n'était
pas dans sa chambre et il savait qu'on devait
lui livrer sa céramique. C'est la patronne d'Ana
qui l'a envoyée. Angustias Olivares... Le réceptionniste m'a dit l'avoir vue quelquefois au
Washington. Il l'avait remarquée pour son
élégance. Peut-être qu'elle allait voir ce monsieur
Valverde... des affaires ?... ou un autre genre
de relations ?

Tiens ! un oiseau. Qu'il est joli ! Ah là là,
vivement la retraite dans mon village... Allons !
Allons ! Revenons à nos moutons, cher Commissaire... Donc, Ana descend et... crac ! l'accident.
Mais qui était la victime présumée, Ana ou
Angustias ? C'était sa voiture... et le mystérieux
client n'était pas à l'hôtel. João ? Il est allé
plusieurs fois au magasin d'antiquités ; avait-il
une aventure avec l'antiquaire ? Son mari
voyage beaucoup et elle est encore très
séduisante... Trop cérébrale à mon goût, mais...
Ils se sont beaucoup vus ces derniers temps,
ils ont même dîné ensemble. Tout cela pour
une simple location ? D'après certains témoins,
ils ont l'air de bien se connaître... Une amitié
ou une aventure plus ancienne ?

Dans la salle à manger, une voix de femme
l'appelle :

« Tomás ! Tu as acheté la cassette de Rocío
Jurado que je t'avais commandée ?

— Non, j'ai oublié. Laisse-moi tranquille, je réfléchis !

— Tu réfléchiras plus tard, le dîner est prêt ! Il va refroidir. »

A propos de musique, ce Bertolini, il se défend bien. C'est curieux, on dit toujours que ce sont les Espagnols qui arrivent en retard sur scène et voilà qu'un Italien fait attendre les spectateurs presque une demi-heure... juste au moment où Valérie sortait. Il se peut qu'il ait parlé avec quelqu'un pour le charger de... Alors, la thèse du journal n'est peut-être pas tout à fait à éliminer... Les voyous peuvent avoir été payés... Ce n'est pas clair... Ce n'est pas clair... Je suis de plus en plus convaincu qu'il y a une relation entre les deux cas. Les deux victimes étaient de très bons amis... Ana ! Si vous pouviez ouvrir les yeux, vous m'aideriez à éclaircir tout cela !

Bon, je vais dîner. L'estomac rempli, le puzzle sera peut-être plus facile à reconstituer. Pour l'instant, j'ai l'impression de patauger un peu. Ils ont de la chance les héros de téléfilms de toujours tout savoir ! Il est vrai que Grenade, ce n'est pas Marseille ni Chicago !

Une demi-heure plus tard, le ventre plein, le commissaire se prépare à reprendre le cours de ses réflexions quand il entend sonner à la porte.

Allons bon ! Quel est le casse-pieds qui vient m'embêter ?

Sa femme ouvre la porte. Lopez l'entend répondre à quelqu'un :

« Oui, il est dans son bureau, mais je vous préviens, il est de mauvaise humeur aujourd'hui.

— Je crois que le patron sera content de me voir. Je lui apporte des nouvelles intéressantes, dit l'homme en se dirigeant vers le bureau.

— Ah ! C'est vous, Sanchez. Vous avez fait ce que je vous ai demandé ?

— Oui, c'est pour ça que je viens à cette heure-ci.

— Alors ?

— Ce matin, j'ai parlé avec le pianiste Pietro Bertolini.

— Eh bien ?

— Il a des problèmes de tachycardie. C'est toujours aux moments de grande excitation que ça le prend. Son médecin se déplace toujours avec lui.

— Quel rapport avec...

— Attendez, je n'ai pas fini. Il a eu une crise pendant l'entracte et il n'est pas sorti de sa loge. Le docteur me l'a confirmé.

— Bon, cela fait un suspect de moins. Et Valérie ?

— Je l'ai interrogée. Elle m'a raconté qu'elle était allée écouter le concert de Pietro, mais pendant la première partie, elle a vu son vieil ami Jordi avec une fille et cela ne lui a pas plu. Elle est retournée à l'hôtel juste après sa conversation avec Jordi pendant l'entracte.

— Hum ! Ça sent un peu le mensonge, dit le commissaire.

— C'est ce qui me semblait. Alors, j'ai fait un saut à l'hôtel pour vérifier son alibi. Elle m'avait dit qu'elle avait pris quelque chose au bar. Le barman m'a confirmé qu'elle y est restée de minuit moins le quart à minuit et demi. Le réceptionniste lui a donné sa clé à cette heure-là et elle n'est pas ressortie.

— Cela mettrait donc la Française hors de cause. Et Valverde ?

— J'ai l'impression qu'il n'a rien à voir dans cette affaire. Nous avons mis le téléphone de sa chambre sur écoute. J'ai enregistré une conversation qui... mais, attendez j'ai apporté la cassette... Écoutez. »

Sanchez met en marche l'appareil.

(Angustias) : « Oui, oui, je sais, Monsieur, mais vous n'étiez pas là quand on vous l'a livrée.

(Valverde) : — C'est vrai, mais on ne peut pas tout prévoir. Vous auriez dû me la renvoyer. Il ne s'agit pas de deux mille pesetas...

(Angustias) : — Nous aussi, nous avons eu un problème inattendu.

(Valverde) : — Quel problème ?

(Angustias) : — Vous êtes bien curieux ! Ma vendeuse a eu un accident en revenant de votre hôtel... »

« C'est tout ? demande le commissaire.

— Je crois que c'est suffisant pour prouver l'innocence de Valverde, non ? »

Le commissaire acquiesce.

« J'ai lu l'article d'Alberto Román, ajoute Sanchez. Je me demande si ce n'est pas une façon habile de détourner les soupçons.

— Là, mon cher, vous vous précipitez ! Je reconnais que vous avez fait du très bon travail, mais n'oubliez pas que, dans notre métier, on a toujours quelque chose à apprendre, réplique le commissaire, d'un ton doctoral. J'ai eu l'occasion de parler avec lui et c'est lui-même qui m'a fait remarquer que l'histoire de l'agression des voyous n'était pas très convaincante.

— Et s'il essayait de brouiller les pistes ?

— Vous, vous allez trop au cinéma ! De toute façon, on y voit déjà beaucoup plus clair. Nous avons éliminé un certain nombre de suspects. Mais, il y a encore du travail !

— Ça oui ! Mais une affaire comme ça, c'est stimulant !

— Sans aucun doute, Sanchez, sans aucun doute... »

IX

Le hall de l'auditorium Manuel de Falla est tranquille et vide. Un gardien, en uniforme sombre, fume une cigarette, appuyé contre la rampe de l'escalier. La porte de droite s'ouvre sans bruit et un jeune homme se dirige vers lui d'un pas résolu et lui glisse quelques mots à l'oreille. Jordi revient vers le tableau *Hommage à Federico García Lorca* et l'observe attentivement. La même porte s'ouvre de nouveau et João se dirige vers la sortie, aperçoit le garçon absorbé dans la contemplation d'un tableau. Il s'approche de lui. Jordi entend une voix derrière lui :

« Vous n'avez pas la patience d'attendre le pianiste ?

— Ah ! C'est vous Monsieur Da Silva. Oui, je profite de son retard pour venir regarder ces tableaux.

— Vous aimez Tapies ?

— Oui, beaucoup. C'est un peintre qui me passionne. Quand j'étais aux Beaux-Arts à Barcelone, j'ai copié quelques-uns de ses tableaux. Plus on étudie un peintre, plus on apprécie son œuvre.

— Moi aussi, j'aime beaucoup sa peinture. Ce tableau a l'air de vous plaire particulièrement !

— Non, ce n'est pas ça. Je préfère ses œuvres plus récentes. En fait, c'est un peu absurde, mais ce tableau, je l'ai copié et il me semble, comment dirais-je, différent. C'est peut-être une question de lumière...

— Je ne m'y connais pas assez en peinture pour apprécier ça. Qu'est-ce qui vous étonne ?

— Je ne sais pas vraiment. Peut-être l'intensité du rouge... ou les rapports de distance...

— Oui, maintenant que vous le dites, j'ai déjà vu ce tableau à Barcelone et... qui sait ? C'est peut-être un faux ?

— Ce serait étonnant, tout de même. Cette exposition itinérante a dû être expertisée par les spécialistes catalans... Et pourtant... »

Tout en continuant à regarder les tableaux, ils se dirigent vers la porte.

« Demain, j'en parlerai au professeur qui dirige mon diplôme et je l'amènerai le voir.

— Il s'y connaît bien en peinture ?

— Oh oui ! C'est un spécialiste de l'avant-garde catalane. »

Le visage de João reflète de l'inquiétude. Ils sortent dans les jardins et marchent un moment en silence. Et tout à coup :

« Combien voulez-vous pour vous taire ? demande João.

— Pardon ?

— Pour vous taire, combien ?

— Ah ! J'avais raison, alors ? C'est un faux. Et vous, vous êtes impliqué. Vous ! un metteur en scène connu ! Combien de faux y a-t-il dans cette exposition ?

— Réfléchissez bien. Je vous offre dix millions. Vous pourrez vous consacrer à la peinture. Vous n'aurez pas besoin de chercher du travail.

— Je n'ai pas d'argent, d'accord, mais pour qui me prenez-vous ? Je ne suis pas à vendre, moi ! »

Jordi se retourne indigné et s'en va. João le rattrape par le bras et lui dit :

« Ne faites pas l'imbécile ! Je ne vous ferai pas cette proposition deux fois !

— N'insistez pas, Monsieur Da Silva ! Je ne marche pas dans votre sale combine ! Vous me dégoûtez ! ».

Le poing de João est parti sans prévenir avec une force décuplée par la rage. Jordi s'effondre à la renverse, sa nuque heurte brutalement le bord d'un muret. Allongé par terre, il reste immobile, les yeux ouverts, comme un pantin désarticulé. João, en garde, les jambes un peu écartées, attend qu'il se relève. Voyant Jordi sans connaissance, il se penche sur le jeune homme, le secoue... Rien, pas de réaction. Il s'agenouille, essaie d'écouter le cœur. Son visage exprime la panique, son front est couvert de sueur. Il se relève d'un bond, regarde de tous les côtés et, avec une rapidité étonnante pour sa corpulence, il prend le corps par les pieds et le traîne pour le cacher dans des arbustes un peu en retrait. Il lui enlève sa montre, la chaîne et la médaille qu'il a au cou, sort le peu d'argent qu'il a dans la poche de son jean. Rentré dans le bâtiment, João passe par les toilettes, jette les objets qu'il a pris à sa victime dans la cuvette et actionne la chasse d'eau. Il se passe de l'eau froide sur le visage, se peigne, arrange son costume, reprend sa respiration et remonte l'escalier. A l'autre extrémité, le jeune gardien le regarde traverser le hall et entrer dans la salle de concert où il doit déranger un couple pour

reprendre sa place près d'Angustias qui lui
jette un regard interrogateur. La deuxième
partie du concert a déjà commencé.

X

« Passons à la séquence du jogging, dit João.
— Un instant, Monsieur Da Silva, que je la
trouve. »
Dans la salle, les commentaires sur la scène
de la mort de Jordi vont leur train.
« La voilà. Éteignez, s'il vous plaît ! »
Un taxi s'arrête devant la Bibliothèque
Municipale, au commencement du Paseo del
Salón. Un monsieur corpulent, bronzé et barbu,
en chemise écossaise, pantalon de toile et tennis
en descend. Il cherche quelqu'un du regard et
s'avance d'un pas rapide vers une femme en
survêtement blanc, impeccablement coiffée et
maquillée. Cette tenue de sport est parfaite,
mais ce n'est pas du tout le genre de la dame,
qu'on imagine beaucoup mieux en tailleur ou
en robe élégante, portant de beaux bijoux
anciens.
« Angustias, en voilà une idée de vouloir
faire du footing ce matin ! et de m'avoir fait
lever si tôt un dimanche !

— J'avais besoin de te parler sans que personne puisse nous entendre et... c'est ce que j'ai trouvé de mieux. Essayons de courir un peu.

— Tu n'y penses pas, avec mon estomac ! Tu veux ma mort ?

— Ne plaisante pas avec ça, veux-tu ? Écoute-moi. Hier soir, j'ai entendu une conversation très compromettante pour nous entre Ana et sa sœur.

— Bah ! Je ne vois pas ce que nous avons à craindre de ta vendeuse. C'est une jeune fille réservée...

— Elle disait qu'elle ne croyait pas un mot de la version officielle de la mort de son ami et elle a l'intention d'aller au commissariat demain. Elle avait l'air très décidée, tu sais ! Elle fait partie de ces gens timides qui, quand ils prennent une décision...

— Tu as raison. C'est très ennuyeux ! Que pouvons-nous faire ? Essayer de l'acheter ?

— Une fois ne t'a pas suffi ? Tu es vraiment incorrigible ! Si tu n'avais pas été aussi impulsif, nous n'en serions pas là...

— Et toi, si tu avais copié les tableaux correctement...

— Oh ! ça va ! Ne recommençons pas. J'y ai pensé toute la nuit et je crois que j'ai trouvé une solution.

— Ralentis un peu, s'il te plaît. J'ai du mal à te suivre, dit João qui transpire beaucoup et commence à s'essouffler.

« — Ça ne te ferait pourtant pas de mal de perdre un peu de graisse !

— Tu es vraiment charmante, ce matin ! Voyons ton idée.

— Demain, nous avons une livraison à faire pour un client à l'hôtel Washington Irving. J'enverrai Ana. Sa voiture est chez le garagiste. Je lui dirai de prendre la mienne. Si nous la trafiquons, elle pourrait avoir un accident en redescendant. Et la police ne pensera certainement pas que j'ai saboté ma propre voiture.

— Eh bien, ma chère ! Si, moi, je suis impulsif, on peut dire que toi, tu es une froide calculatrice ! Je dois reconnaître que c'est une très bonne idée. Tu m'effraies un peu, tu sais ! Le jour où tu décideras de te débarrasser de moi...

— Qui peut se charger du sabotage de la voiture ? coupe Angustias.

— Moi. Je ne veux mettre personne d'autre dans le coup. Ce n'est pas difficile : il suffit de vider le liquide des freins et de couper le câble du frein à main et il ne restera plus qu'à espérer que ça marche. Elle conduit bien, ta vendeuse ?

— Pas spécialement. Elle a passé son permis l'année dernière mais elle n'est pas encore très à l'aise au volant. »

João, épuisé par ce footing imprévu et par la perspective d'un autre crime, s'effondre sur un banc de pierre près du kiosque à musique. Angustias, toujours maîtresse d'elle-même et

pas essoufflée du tout, s'assoit à côté de lui.
Ils regardent passer les joggers du dimanche.
Gros plan sur la voiture d'Angustias garée à
proximité : une Ford Granada et sur la plaque
d'immatriculation : GR—1648—E.

Le film enchaîne sur la sortie de la salle de
concert. Les gens se dirigent vers leurs voitures.
La lune est ronde et claire, mais les grands
arbres qui bordent l'avenue devant l'auditorium
n'en laissent guère passer la lumière. C'est une
nuit fraîche, comme il en fait à Grenade, même
quand la journée a été chaude. Dans ce cadre,
on se prendrait facilement pour un calife ou
une sultane du xe siècle. Madame Olivares serre
sur sa poitrine un précieux châle noir et or
pour se protéger de la brise nocturne. Elle
marche rapidement vers une voiture dont la
portière s'ouvre quand elle arrive à sa hauteur.
Elle monte et s'assied.

« Il fait frais, ce soir.

— Pourtant, moi, je suis en nage !

— Ce n'est pas normal. Tu dois avoir de la
fièvre. Tu as dû prendre froid, tu es resté
dehors trop longtemps.

— Angustias ! Il y a un gros point noir.
Cela peut changer nos projets.

— Explique-moi ça.

— J'ai tué l'ami d'Ana.

— Jordi ? Mais pourquoi ? Comment ?

— C'est de ta faute ! Tu crois que reproduire
un tableau, c'est la même chose que de se
maquiller ou se regarder dans une glace ?

— Mais pourquoi me dis-tu cela ? Que s'est-il passé ?

— C'est simple. Jordi a découvert un de tes faux tableaux et il fallait absolument éviter qu'il découvre les autres. J'ai essayé de lui offrir de l'argent. Il n'a rien voulu savoir. Je l'ai frappé en espérant qu'il craquerait, mais il s'est tué en tombant. Ah ! Quelle poisse ! Je ne sais pas comment j'ai pu penser à toi pour les tableaux ! On ne devrait jamais faire confiance à une femme !

— Eh ! Oh ! Pas si vite ! Ce n'est pas moi qui suis allée te chercher. C'est toi qui as demandé mes services. C'est tout de même bizarre que les experts n'aient jamais rien découvert et que ce petit étudiant... Tu t'es peut-être précipité...

— Précipité ou pas, là n'est plus la question. Les choses se sont passées comme ça. Maintenant, nous devons faire de notre mieux pour arranger tout cela. Je lui ai enlevé tout ce qu'il avait sur lui. Avec un peu de chance, le cadavre ne sera pas retrouvé tout de suite et comme, réellement, ça a été un accident, il ne sera pas facile de savoir à qui l'attribuer.

— Qu'as-tu fait de ses objets personnels ?

— Ne t'inquiète pas. Là où ils sont, personne ne les retrouvera !

— C'est lamentable, João, qu'on en soit arrivé là ! »

Toutes les voitures qui étaient garées à proximité de l'auditorium sont redescendues en ville. Seule reste la Ford. Quand il s'en rend compte, João met le contact et démarre.

« Il ne manquerait plus qu'une patrouille de police nous trouve ici, tous les deux, avec nos têtes catastrophées ! »

XI

« Lumière ! Votre avis sur les trois séquences ? » demande João à son équipe d'acteurs.

La discussion s'engage par petits groupes de deux ou trois. Chacun échange ses impressions sans répondre au metteur en scène.

« Alors, Valérie, ton opinion ? Et toi, Pietro ? Vous qui n'apparaissez pas dans ces scènes ?

— Très bien ! Surtout la séquence de la mort de Jordi. João, tu es sensationnel en assassin ! Et Jordi est un mort très convaincant !

— Moi, dit Pietro, je trouve le meurtre involontaire très bien résolu. Mais en tant que musicien, ça m'embête un peu ce rapprochement entre la musique et le crime.

— Ana, comment se sent-on en ressuscitée ? demande Angustias.

— Bien, mais je dois avouer que j'ai beaucoup souffert pendant le tournage.

— Je suis très content de vous, mes enfants ! dit João, enthousiaste. Valérie : tu es parfaite en Française aguicheuse. Ana, j'aime ta douceur et ta candeur. Angustias, tu as une énorme présence sur l'écran. Mais, ceux qui m'ont vraiment étonné, ce sont les acteurs non professionnels : ce commissaire qui semble sorti tout droit d'un roman de Simenon, version andalouse, et surtout ce petit étudiant catalan. Quel génie dans la séquence de sa mort ! Il est d'une vérité !

— Vous ne croyez pas si bien dire, Monsieur Da Silva, interrompt l'homme corpulent qui vient d'entrer, précédé d'un nuage de fumée de cigare. Merci pour vos compliments sur mes talents d'acteur. Mais il n'est pas très difficile de jouer son propre rôle. Vous avez eu l'œil quand vous m'avez choisi et moi, j'ai eu de la chance de décrocher ce rôle. Si je me suis présenté, c'est parce que nous étions déjà sur la piste des faux tableaux. Cette fois, j'ai les preuves : je viens de recevoir le rapport des experts de Madrid et nous sommes allés faire une petite visite à l'atelier clandestin de Madame Olivares. Monsieur Da Silva, permettez-moi de vous dire qu'il est toujours risqué de réaliser un film autobiographique. »

Un silence glacial règne dans la salle. Les acteurs se regardent, stupéfaits.

« Je t'avais bien dit que ce scénario comportait

des risques, mais tu n'as rien voulu savoir! explose Angustias. C'est ton orgueil qui te perd! Tu te crois toujours plus malin que tout le monde, tu n'écoutes jamais l'opinion des autres! »

Ana se lève tout à coup et dit :

« Au fait, comment se fait-il que Jordi ne soit pas là ?

— Tiens, c'est vrai, dit Valérie. Il devrait être là normalement.

— Allons bon! dit le commissaire, moi qui croyais pouvoir classer cette affaire! Pour l'instant, Monsieur Da Silva, Madame Olivares, je dois vous demander de me suivre, dit-il en leur passant les menottes. Vous êtes accusés de falsification d'œuvres d'art. Vous allez venir avec moi au commissariat et nous allons essayer de tirer toute l'affaire au clair. »

Le téléphone sonne. Pietro, qui se trouve tout près, décroche.

« C'est pour vous, Monsieur le Commissaire. De la part de l'inspecteur Sanchez. »

« Allô ?... Oh ! Oh !... Où ça ?... Ça ne m'étonne pas du tout ! Bon, j'arrive dans dix minutes. »

Le commissaire Lopez raccroche lentement, se retourne vers l'équipe cinématographique et laisse tomber :

« Le cadavre de Jordi Puigvert vient d'être retrouvé. On l'a conduit à l'hôpital Clínico. »

Les yeux d'Ana se remplissent de larmes. Elle se lève comme un ressort et dit avec une autorité surprenante :

« Je vais le voir ! Oh, mais je n'ai pas ma voiture !

— Prenez la mienne, dit Angustias.

— Hum ! A votre place, Mademoiselle, je prendrais un taxi », dit le commissaire.

LA GILA

María Antonia VALDES GARCIA
Ramón GARCIA DOMINGUEZ

I

Le père Gil — raide et maigre comme une âme en peine — disparut par une nuit de novembre 1901, une nuit où la pleine lune et le froid affilaient la pointe brillante des étoiles.

Il partit en silence, comme il avait vécu. Il traversa la propriété, passa la rivière Duratón sur un madrier qui servait de pont et s'en alla Dieu sait où. On n'entendit plus jamais parler de lui. Jamais. Dans le village on disait qu'il était parti avec une femme aux longs cheveux qui y était arrivée demandant l'aumône et prédisant l'avenir. Cette histoire fut racontée de porte en porte, de conversation en conversation, de veillée en veillée jusqu'au jour où Antonia Delgado López fit cesser les commérages d'une gifle terrible donnée à une voisine bavarde.

Antonia Delgado López, la femme du père Gil, mit ainsi fin à l'infamie, mais à partir de ce moment on l'appela « La Gila » et avec ce

même nom on baptisa la propriété où elle
habitait aux abords du village : un grand terrain
planté d'arbres, avec une maison en pierre au
milieu. Un lierre épais grimpait sur la façade
et quatre petites fenêtres s'ouvraient sur les
côtés. Derrière poussait un tout petit jardin
ombragé auquel on accédait par une porte
basse cloutée. La Gila la ferma pour toujours
de ses propres mains, la clouant de deux
grosses planches en forme de « X ». Dans le
village, on disait que le père Gil s'était enfui
par cette porte une nuit de novembre. C'était
peut-être vrai.

Le fils de la Gila n'avait que huit mois
lorsqu'elle perdit son mari dans ces circonstances
mystérieuses. Elle aimait beaucoup le père Gil.
Beaucoup. Elle s'était mariée avec lui quand
elle avait à peine seize ans, et les langues
scandalisées du village disaient que ce mariage
avait été l'œuvre de l'infâme démon de la
luxure. Ce furent deux ans de passion et
d'extase. Les nouveaux mariés avaient passé
un hiver tout entier sans descendre au village,
et les gens qui passaient près de la propriété
entendaient toujours à l'intérieur de la maison
de longs éclats de rire palpitants, inconvenants
pour des chrétiens. Et au printemps, lorsque
les cerisiers étaient en fleur, un homme et une
femme nus — d'après les bergers qui ramenaient
leurs troupeaux au coucher du soleil — avaient
été vus étendus entre les massifs de fleurs de
la propriété.

Il était fait pour elle, et elle, elle était faite pour lui. Personne ne sut ce qui arriva pendant ces deux années derrière les murs de « La Gila », mais lorsque l'homme s'en fut allé pour toujours sans laisser de traces, dans le village, les gens disaient à voix basse et en se signant :

« Il a fui Satan, qui avait les traits d'une femme !

— Elle possédait son corps et son âme comme un esprit malfaisant et nauséabond !

— La Gila est le péché de la possession !

— Le père Gil s'est enfui, cherchant sa liberté et la grâce de Dieu !

— Qui sait, la mendiante aux cheveux longs était peut-être l'ange gardien ?

— Qui sait ?... »

Mais il n'y avait personne au monde capable d'arracher quelque chose à la Gila, même pas un ange gardien. Et encore moins habillée en femme, bien sûr. Son mari était à elle et seulement à elle. C'est pourquoi, lorsqu'il s'enfuit, elle se replia sur elle-même pour toujours, comme si elle essayait de cacher une douleur amère et presque infinie. Elle se replia sur elle-même et avec elle, dans son immense solitude et sa tristesse, elle enferma aussi son fils Ildefonso, qui avait presque huit mois.

Ni la femme ni l'enfant ne quittaient jamais la vieille maison de La Gila. Des années et des années s'écoulèrent sans qu'on les vît jamais au village. Les gens se demandaient ce que devenaient la mère et l'enfant. La fumée de la

cheminée, chaque matin et chaque soir, était
l'unique signe de vie de ce coin perdu au bord
de la rivière. Les habitants du village commen-
cèrent à se méfier de la Gila et peu à peu ils
prirent l'habitude d'éviter la ferme. Même les
bergers faisaient un détour avec leurs chèvres
quand ils revenaient des prés.

Les années passèrent.

Un matin de mars, un vieux paysan, qui
avait un petit morceau de terre à côté de La
Gila, remarqua quelque chose de bizarre et de
nouveau entre les arbres de la mystérieuse
propriété, comme une petite maison blanche.
Oui, c'était bien ça, et il le raconta ainsi dans
le village à son retour :

« Ils ont construit un petit bâtiment à côté
de la maison en une seule nuit. C'est incroyable !
C'est un enchantement ! C'est une petite maison
carrée, à un seul étage, pas plus grande qu'un
colombier. »

Et tout le village se demanda pourquoi et
pour qui serait cette nouvelle demeure élevée
parmi les peupliers et les massifs d'immortelles.

La mère et le fils se seraient-ils disputés ? se
demandaient les uns.

Serait-ce une nouvelle maison pour une visite
attendue ? s'interrogeaient les autres.

Encore une fois le temps passa et les gens
oublièrent la propriété de La Gila et ses
mystérieux habitants. De temps en temps
seulement, dans les longues soirées d'hiver près
du feu, quelque commère tirait de l'oubli le

souvenir de la femme et du fils du père Gil,
et on se perdait en conjectures sur le genre
de vie que ces deux êtres pouvaient mener,
toujours enfermés, isolés du monde...

« L'enfant doit être un homme maintenant,
commentait une femme.

— Mais sa mauvaise mère doit veiller sur
lui et l'enfermer jalousement pour qu'il ne
puisse pas s'échapper, confirmait une autre,
riant entre ses dents jaunes.

— J'ai entendu dire, disait une troisième,
que le garçon aime la peinture. C'est un
artiste ! »

On était en 1921. L'automne dorait déjà les
peupliers sur les rivages du Duratón et les
premiers froids soufflaient sur les vastes champs
de Castille. C'était un soir obscur du mois de
novembre, le même mois où, vingt ans
auparavant, le père Gil avait disparu. Les rues
du village étaient désertes, et un vent monotone
et obstiné frappait les battants des fenêtres et
faisait tournoyer les feuilles mortes aux quatre
coins de la place du Coso. Un chien vagabond
fuyait son propre abandon de rue en rue.

María Cándida s'approcha de la fenêtre et
vit la femme. Elle ne put réprimer un cri :

« Mère ! Viens voir ! Regarde par la fenêtre,
on dirait une âme en peine ! »

La mère de María Cándida, la grosse aubergiste du village, colla son nez aux vitres,
s'essuya les mains au tablier et se signa
convulsivement.

« Santa María de la Espina, c'est elle !

— Qui, Mère ? demanda María Cándida.

— Je te raconterai plus tard, ma fille. Va plutôt me chercher ton père, il est train de couper du bois ! »

Trois coups secs résonnèrent à la porte de l'auberge.

« Que se passe-t-il ? demanda le mari en entrant dans la cuisine.

— C'est elle, Antonio, c'est encore elle ! Elle est revenue, après tant d'années !

— Allons, calme-toi ! De qui parles-tu ?

— La femme qui a emmené le père Gil, tu ne t'en souviens plus ? C'est la même, elle vient de frapper à la porte ! La même chevelure longue, la même tunique... Qu'est-ce qu'on fait, Antonio, on lui ouvre la porte, on la laisse entrer ?

— On ne peut pas refuser un abri. C'est une auberge publique, ici. »

Les deux aubergistes descendirent les marches avec précaution. María Cándida les suivit. L'homme ouvrit la porte et demanda à l'étrangère :

« Vous désirez, Madame ?

— Une chambre.

— Pour combien de temps ?

— Juste le temps de faire ce que j'ai à faire. »

La voix de l'étrangère sonnait sèche et sonore. L'aubergiste l'examina méticuleusement. Il n'y avait aucun doute : c'était la même femme qui était arrivée au village vingt ans auparavant et avait ensuite disparu, emmenant avec elle, d'après les commérages, le père Gil. La même chevelure abondante, le même regard profond, la même étrange beauté, quelque peu fanée — mais pas tellement, pensa l'aubergiste — par le passage du temps.

« N'êtes-vous jamais venue par ici autrefois, Madame ? Il y a une vingtaine d'années, demanda l'aubergiste.

— Oui, mes pas me font revenir de temps à autre aux mêmes endroits. Puis-je entrer ?

— Entrez, Madame, entrez ! Soyez la bienvenue chez nous. »

Tout le monde monta dans la cuisine. L'étrangère s'approcha de l'âtre et ouvrit ses mains pour se réchauffer. Elle regarda María Cándida, qui restait dans un coin.

« C'est votre fille ? demanda-t-elle au couple.

— Oui, Madame, c'est notre fille, notre fille unique.

— La même petite fille que j'ai connue la dernière fois que je suis venue ici ?

— La même. Elle avait à peine un an, je m'en souviens très bien, dit l'aubergiste, la méfiance des premiers moments disparue à présent.

— Elle est devenue une jolie fille, répondit l'étrangère sur un ton presque amical. Elle est déjà fiancée ?

— Non, Madame ! répondit la jeune fille qui n'avait pas encore desserré les dents.

— Du moins, que nous sachions... », dit le père sur le ton de la plaisanterie.

Il sourit et caressa la tête de la jeune fille. Elle avait une jolie chevelure noire, tressée jusqu'à la taille, de grands yeux doux, une petite bouche sinueuse et des joues transparentes qui donnaient à son visage une beauté presque irréelle.

« Voudrais-tu me rendre un service, ma petite ? demanda tout à coup l'étrangère à la jeune fille. Sa voix avait un ton presque maternel.

— Je vous écoute, Madame, répondit complaisante María Cándida.

— Voudrais-tu porter un mot chez Antonia Delgado, celle qu'on appelle, je crois, la Gila ? »

Ses mots résonnèrent étrangement dans la pièce devenue silencieuse. Personne ne répondit. On pouvait entendre dans la rue siffler le vent glacé de novembre. L'étrangère fixait maintenant l'âtre de la cheminée et restait immobile comme une statue. Le couple échangea un regard mi-incrédule mi-effrayé. Finalement l'homme parla :

« Chez... la Gila, dites-vous ? C'est que... personne ne va jamais là-bas, vous savez ! Elle habite toute seule, isolée avec son fils, depuis que...

— ...depuis que son mari a disparu il y a vingt ans ! » coupa l'étrangère sur un ton irrité en défiant l'aubergiste du regard. Puis elle reprit d'une voix beaucoup plus douce : « Je le sais bien, brave homme. On me l'a raconté au village d'à côté. Et je sais aussi qu'on dit que je... C'est justement pour ça que je suis venue, afin d'éclaircir les choses avec cette femme. Mon message n'a que ce but : la prier de me permettre d'aller chez elle. Sur ce papier est écrite ma supplique — l'étrangère sortit un papier à travers les plis de sa tunique —, et tout ce que je demande à votre fille, c'est de la lui porter.

— On ne va même pas lui ouvrir la porte, Madame, intervint la femme de l'aubergiste, on n'ouvre jamais à personne dans cette maison-là.

— On lui ouvrira ! répondit fermement l'étrangère.

— Comment pouvez-vous en être si sûre ? demanda l'homme.

— Je sais beaucoup de choses, Monsieur l'Aubergiste.

— Bon, alors, c'est moi qui vais y aller, je ne veux pas que ma fille...

— Non, pas vous ! Vous précisément on ne vous ouvrira pas ! Ne vous faites pas de souci pour la petite, c'est déjà une femme et elle sait ce qu'elle doit faire. »

L'étrangère s'approcha de María Cándida et lui caressa tendrement les cheveux :

« N'est-ce pas, ma fille ? Vas-y. Va chez la Gila avant qu'il fasse nuit et remets-lui ce mot. Et n'aie pas peur... Moi, en attendant, je vais me reposer un peu avant le dîner. Voudriez-

vous, Madame, me montrer ma chambre ? ...
Attendez... finalement, ce n'est pas nécessaire.
Je suppose que ce sera la même qu'il y a vingt
ans... »

L'étrangère quitta la cuisine d'un pas calme,
tandis que le couple et sa fille restaient
immobiles, comme figés par une force mystérieuse.

Quelques instants passèrent. Alors, sans se
concerter, et avec des mouvements automa-
tiques, le père ouvrit la porte, la mère embrassa
sa fille sur le front et celle-ci, passant un châle
autour de ses épaules, serrant la lettre dans
sa main, partit d'un pas résolu.

« Ne tarde pas, ma petite. Le dîner est bientôt
prêt », insista l'aubergiste d'une voix voilée.

Une heure était presque passée. L'aubergiste
et sa femme étaient assis près de l'âtre, sans
échanger un mot, sans se regarder. Le feu
dessinait des ombres et des lumières dans la
vaste cuisine. Dans la rue le vent soufflait. La
nuit commençait à effacer les choses à travers
la fenêtre. Tout à coup, on entendit un cri.
Terrible, déchirant, strident.

« Ce n'est pas María Cándida ? » demanda
l'aubergiste en se levant précipitamment.

L'homme ouvrit la porte et la jeune fille
entra en trombe dans le vestibule, se jetant
dans les bras de sa mère :

« Il est mort, Mère, il est mort ! Je l'ai vu !
Je l'ai vu !

— Mais qui, ma petite, qui ?

— Lui, ma Mère, lui !

— Mais c'est qui « lui », ma fille ?

— Ildefonso, ma vie, mon amour, mon tout !
Je ne pourrai plus vivre, moi aussi je veux
mourir, Mère ! »

Mari et femme se regardèrent. Etonnés, sans
rien comprendre. Qui était Ildefonso ? Le fils
de la Gila ? Personne dans le village ne
connaissait son nom. Comment María Cándida
le connaissait-elle ?

Ils calmèrent la jeune fille, la firent asseoir
à côté du feu, en lui chuchotant des mots
tendres. Ils essayèrent de lui demander ce qui
était arrivé, ce qu'elle avait vu, mais la jeune
fille s'enferma dans un silence impénétrable.

« Pourquoi n'appelles-tu pas l'étrangère ? dit
l'homme. Peut-être qu'elle pourra nous expliquer
quelque chose. »

La femme s'en alla vers la chambre de
l'étrangère mais revint tout de suite et dans
tous ses états :

« Elle n'est pas là, la chambre est vide !

— Vide ? Tu as frappé à la porte ? Elle est
peut-être endormie.

— Non. Elle n'est pas endormie, je suis
rentrée dans la chambre, elle est vide ! »

Elle n'avait pas fini de parler qu'on entendit
dans la rue une longue plainte déchirante de
femme :

« Mon fils est mort ! Voisins, mon fils est
mort ! »

L'aubergiste s'approcha de la fenêtre et

regarda à l'extérieur. La Gila était juste en bas, effondrée sur ses genoux et criant les poings serrés. En voyant l'homme, elle devint encore plus furieuse :

« C'est elle, ta fille, elle l'a tué ! Voisins, écoutez-moi, la fille de l'aubergiste a tué mon fils ! »

Tout le monde se groupa autour de la Gila. Et la nouvelle de la mystérieuse mort du jeune homme se répandit dans toute la région avec les premiers froids de l'automne.

II

Un commissaire de police arriva de Valladolid pour s'occuper de l'affaire. Un médecin légiste l'accompagna qui ne fit que constater la mort violente du jeune homme : il avait un grand couteau de cuisine enfoncé dans le cœur. La déclaration de sa mère, la Gila, se déroula au milieu de lamentations, de plaintes, d'accès de folie. Des cris, des coups de poing sur le sol, mais pas une larme :

« C'est moi-même qui l'ai trouvé avec ce sale couteau planté dans le cœur, Monsieur le Commissaire, moi-même ! Cette mauvaise femme lui a percé son cœur d'artiste ! Car vous savez,

Monsieur le Commissaire, mon fils était un artiste. Lui et moi, nous avions construit de nos propres mains le petit atelier où il s'enfermait tous les soirs pour créer les plus extraordinaires paysages que l'on puisse imaginer. Tenez, regardez, Monsieur le Commissaire. Y a-t-il un pinceau qui surpasse celui de mon pauvre Ildefonso ? »

Et la femme montra à l'assistance d'impressionnants paysages des rivages du Duratón, le même sujet répété mille fois, comme une obsession, comme un cauchemar.

La femme continua à parler de façon convulsive :

« Ce soir-là, lorsque j'ai laissé mon fils, il peignait, Monsieur le Commissaire. Je m'étais éloignée seulement à deux ou trois kilomètres de la propriété en amont pour aller chercher de l'osier pour faire des paniers. Deux kilomètres et pas plus d'une heure d'absence. Mais assez pour que cette vipère s'introduise ici et assassine mon fils ! Quand je suis revenue chez moi, je l'ai trouvé perdant tout son sang. Et voulez-vous savoir pourquoi elle l'a fait, Monsieur le Commissaire ? Parce que mon fils la repoussait ! Oui, c'est ça, il faut que tout le monde le sache ! Cette fille le harcelait depuis des mois, apparaissant lorsqu'il se promenait au bord de la rivière à la recherche de paysages pour ses tableaux. Elle le cherchait, le séduisait sans vergogne. Mais lui, il l'a toujours repoussée, Monsieur le Commissaire, mon fils ne vivait que pour sa peinture et pour moi, pour son art et pour sa mère ! Et cet oiseau de proie nous l'a enlevé ! La justice devrait lui arracher la peau, la brûler vive, lui découper le cœur en mille morceaux... ! »

Il fallut calmer la femme qui hurlait et se tordait comme une possédée.

Et quand le curé du village lui parla des obsèques de son fils, la Gila s'exclama encore avec frénésie :

« Ni mon fils ni moi n'avons besoin de la mauvaise terre sèche du cimetière ! La bonne terre de La Gila, au bord de la rivière, n'est-elle pas beaucoup plus tendre ? Là-bas, à côté de moi, près de moi, pour toujours ! Non, personne ne va me l'enlever. Ni Dieu, ni le diable, ni les curés. Personne ! Mon fils est à moi et seulement à moi. Je le soignerai jour et nuit, je le dorloterai d'heure en heure. Personne ne va me l'enlever ! Que tout le monde le sache, le fils de la Gila n'a besoin de la terre de personne pour reposer, la femme du père Gil n'a besoin de la compassion de personne pour protéger son petit ! Moi-même je vais lui construire un tombeau à mes côtés ! C'est là qu'il demeurera pour toujours, éter-nellement ! ah ! ah ! »

Le rire fou de la femme résonna dans tous les coins du village, glaçant le sang des gens. La Gila retourna à sa propriété et le lendemain, de bonne heure, deux hommes engagés par elle, qui appartenaient à une troupe d'acrobates parcourant la région ces jours-là, travaillaient déjà durement pour élever un tombeau près de la maison et de l'atelier. Les habitants du village suivirent les travaux avec une certaine curiosité mêlée de crainte. Tout cela ne pouvait être qu'une idée et une œuvre de l'Enfer. Les hommes engagés par la Gila travaillaient jour et nuit, et au bout d'une semaine le tombeau fut achevé. C'était une haute construction solennelle ; tous les murs étaient recouverts de marbre blanc et la façade couronnée d'une croix qui brillait comme une lame d'argent. L'entrée de la chapelle était un délicat travail de fer forgé, orné de fleurs dorées en métal, et tout le tombeau était entouré d'une haute grille formée de lances en fer aux pointes fines et luisantes. Un des deux hommes avait été chargé par la Gila d'apporter une lettre au curé du village.

La lettre disait ceci :

« J'ai fini le tombeau, Monsieur le Curé. J'y enterre mon fils et je veux y être enterrée quand je mourrai. Personne ne devra jamais nous séparer mon fils et moi. Notre sépulture ne sera jamais déplacée d'où elle est maintenant. Mes sentiments les plus respectueux. Antonia Delgado López. »

Quant à la fille des aubergistes, la jeune María Cándida, la justice ne put pratiquement rien faire pour la déclarer innocente. Tout la condamnait : les faits, le jour du délit et les dépositions de plusieurs témoins qui déclarèrent l'avoir vue certains après-midi rôdant autour de la propriété de la Gila. Il y eut même un berger pour dire l'avoir surprise avec un garçon au bord de la rivière.

María Cándida, indifférente à toutes les charges qui pesaient sur elle, enfermée dans ses sombres pensées, ne se défendit même pas ; elle ne fit que répéter pendant tout le procès, chaque fois qu'on l'interrogeait :

« Il m'aimait, il m'aimait... »

Par compassion et faute de pouvoir établir définitivement la preuve du crime, la jeune fille fut enfermée dans un hôpital psychiatrique de la ville, au lieu d'être envoyée en prison.

III

Le temps passa. Deux ans après ces événements, Antonia Delgado López, dite la Gila, mourut. Elle n'avait survécu que deux ans à son fils.

Le chagrin, la solitude et qui sait le désir de le rejoindre, la tuèrent silencieusement un matin de mars. Le curé de Peñafiel se chargea de l'enterrer dans le même tombeau que son

fils, mais malgré le sermon qu'il fit ce jour-là
sur le pardon chrétien et la miséricorde de
Dieu, personne ne l'accompagna à l'enterrement
en dehors du sacristain. La Gila et son fils
furent à jamais enterrés dans leur « mausolée ».
Et les premières années, personne ne s'en
approcha.

Mais le temps est le frère de l'oubli et peut-
être aussi de la miséricorde, et des années plus
tard, le curé vint, le jour de la Toussaint,
réciter une prière sur le tombeau de la propriété
de la Gila, accompagné d'une douzaine de
vieilles qui, tout en priant, fouinèrent à loisir.
Par la suite, elles racontèrent dans le village
ce qu'elles avaient vu :

« C'est un endroit sombre, voisines, un endroit
qui fait peur. Même l'image de la Vierge qui
préside l'autel a un air retors et renfrogné. Et
les murs sont couverts de tableaux...

— De tableaux ?

— Oui, de peintures... des quantités !

— Et comment sont ces tableaux ?

— Ils représentent tous des champs et des
arbres. Les champs et les arbres du bord de
la rivière. Il n'y a que ça.

— Pas une figure humaine ?

— Pas une. Ni un homme, ni un visage,
même pas un animal. Que des champs, des
centaines et des centaines de tableaux sur les
murs représentant des paysages de Castille. »

Et tous ceux qui les écoutèrent restèrent
muets de peur, se regardant à la dérobée.

IV

El Norte de Castilla — Valladolid, 17 mai 1950 :

« **Profanation de sépulture et vol à Peñafiel.** La nuit dernière, à Peñafiel, dans la propriété appelée populairement « La Gila », un mausolée a été profané. Dans ce mausolée se trouvaient deux tombes qui, d'après les vieilles du village, abritaient les corps d'une mère et de son fils, morts dans des circonstances mystérieuses il y a longtemps. La propriété était abandonnée depuis des années et personne ne visitait le tombeau. D'après les habitants les plus âgés du village, les murs de la chapelle funéraire étaient couverts de tableaux, réalisés, semble-t-il, par l'un des occupants des deux tombes, peintre de son état. Cependant, quand hier matin, sur la requête des paysans, le juge se rendit au mausolée, tous les tableaux avaient disparu, sans doute volés par les profanateurs des deux tombes. Dans l'une des tombes gisait un corps de femme momifié, et dans l'autre celui d'un jeune homme, semblant n'avoir pas plus de vingt ans. Dans cette dernière furent trouvés deux objets curieux : une peinture à l'huile et un cahier manuscrit. Le tableau

représente le visage d'une jeune femme, d'une
vingtaine d'années, très belle ; la toile a été
entaillée à l'endroit de la joue droite. Le cahier,
d'après les témoins présents, semble être un
journal personnel, peut-être celui du mort.
Nous tiendrons nos lecteurs au courant des
suites de cette affaire dès que nous recevrons
d'autres détails. »

El Norte de Castilla — 20 mai 1950 :

« Confirmation de la nouvelle donnée jeudi
dernier : le cahier trouvé dans le tombeau de
la propriété de « La Gila », à Peñafiel, est bien
le journal intime du jeune homme qui y était
enterré. Le cahier est écrit d'une écriture fine
et maladroite plus propre à un enfant qu'à un
adulte. Cela serait peut-être dû — si la légende
sur la vie de ce mystérieux personnage et de
sa mère, enterrée à ses côtés, est vraie — à
ce que Ildefonso Gil Delgado (c'est le nom qui
apparaît sur la couverture du cahier) ne sortît
jamais de chez lui. Ce serait sa propre mère
qui lui aurait appris à écrire. Ce manuscrit,
qui est toujours entre les mains de la justice,
serait, paraît-il, un document révélateur sur les
circonstances mystérieuses de la mort de
l'auteur. Mais la préfecture de Valladolid n'a
pas encore jugé opportun le moment de révéler
son contenu. »

*
* *

Le rapport de police, ainsi que les articles du journal castillan avaient extrêmement intéressé le jeune inspecteur Victorino Espinilla qui venait d'arriver un mois auparavant à la préfecture de Valladolid.

L'inspecteur Espinilla avait une prédilection pour les affaires insolites, et celle de la profanation du tombeau de « La Gila » en était une. C'est pourquoi il demanda à ses chefs de se charger de l'enquête.

« Dans nos archives, il ne reste qu'un bref rapport de ce mystérieux crime des premières années du siècle, lui avait expliqué le commissaire principal. Il s'agit, semble-t-il, d'une jeune fille qui avait assassiné un garçon, le fils d'une femme qu'on appelait la Gila, parce qu'il ne l'aimait pas.

— Mais nous avons aussi le journal retrouvé dans la tombe, remarqua le jeune inspecteur.

— Oui, vous pourrez peut-être y trouver une explication. Je vais faire mettre le journal à votre disposition.

— Et il y a aussi le tableau, ajouta Victorino Espinilla, comme s'il réfléchissait pour lui-même.

— Bah ! le sujet du tableau n'est pas bizarre en soi. Apparemment, le garçon assassiné était peintre. Les vieux du village ont déclaré que tout le tombeau était recouvert de tableaux avant le vol.

— Oui, mais il y a quelque chose de curieux : tandis que les toiles accrochées aux murs étaient toutes, absolument toutes, des paysages,

sans une seule figure humaine, le tableau
retrouvé à l'intérieur de la tombe avec le
journal représente un visage de femme.

— Mais dites-moi, cette affaire a vraiment
l'air de vous passionner ! Bonne chance dans
votre enquête et tenez-moi au courant si vous
découvrez quelque chose. »

Victorino Espinilla reçut le journal le lendemain et s'enferma toute la journée chez lui
pour le lire. Il voulait être seul et concentrer
tous ses efforts sur ce manuscrit qui devait —
c'est du moins ce qu'il pensait — lui donner
la clé de cette vie et de cette mort peu
ordinaires.

Lorsque l'inspecteur ouvrit l'enveloppe qui
contenait le journal, il fut surpris de n'y trouver
qu'un mince cahier noir. A l'intérieur, sept
pages à peine étaient recouvertes d'une écriture
hésitante et enfantine, telle que l'avait effectivement décrite la presse !

Ce petit texte serait-il suffisant pour dévoiler
quelque clé secrète ? Si du moins il en existait
une dans cette ancienne et ténébreuse affaire
de Peñafiel !

L'inspecteur commença tout de suite la lecture
du journal d'Ildefonso Gil Delgado :

« 18 mai 1921 — Je m'appelle Ildefonso et
je vais écrire tout ce que je pense et ce que
je fais à partir d'aujourd'hui pour ne pas me
sentir aussi seul. Je ne parle qu'avec maman.
Je ne sais vraiment pas quoi écrire. La campagne
est très belle et les rives du Duratón vertes,

très vertes. Le chemin qui descend jusqu'au bord de la rivière, que je vois de mon atelier, est bordé de marguerites blanches. Comme j'aime parcourir ce chemin jusqu'à la rivière ! C'est le printemps : j'y descends une fois le matin et une autre le soir. Je m'arrête toujours à côté du petit cyprès. Maman n'aime pas beaucoup que je descende à la rivière et encore moins par ce chemin. Elle dit toujours qu'il faudrait supprimer ce chemin. Maman aimerait que je ne sorte jamais de mon atelier. Un jour, je lui ai demandé de me laisser aller jusqu'au village mais elle a refusé, et m'a dit que si j'y allais un jour, elle me tuerait. Je ne connais personne, je ne connais personne. Seulement les arbres et mes tableaux. »

« 25 mai 1921 — Je commence à être fatigué de peindre toujours la même chose. Toujours des paysages avec des rivières, toujours des arbres. Si nous avions encore le chat qui s'est échappé il y a un an, je le peindrais sur mes toiles. Maman a eu une colère terrible quand il s'est enfui ! « Chez moi tout le monde s'en va ! » criait-elle comme une folle. Puis elle a ajouté quelque chose que je n'ai pas réussi à comprendre mais que je n'ai pas osé demander en la voyant si en colère : « C'est sûr qu'il a été enjôlé par une chatte en chaleur, comme l'autre ! ». L'autre, qui cela peut-il être ? »

« 31 mai 1921 — Dernier jour du mois de mai. Je me suis promené sur les rives du Duratón qui étaient plus belles que jamais.

Mais aujourd'hui je ne vais pas parler de la campagne, mais d'Elle. La peur ne m'a pas encore quitté. J'appelle ça de la peur parce que je ne sais pas comment le dire autrement. Elle était accroupie et cueillait des fleurs. Je me suis caché derrière un arbre et l'ai regardée longtemps. Elle portait une jupe bleue et un chemisier à pois blancs et bleus. Elle avait les bras nus. Je n'arrivais pas à détourner les yeux de ses bras. Ni de ses cheveux longs et noirs qui tombaient sur ses épaules. C'est la première femme, à part maman, que je vois de ma vie. La première !... maintenant que j'y pense.

J'ai dû faire du bruit car, tout à coup, elle s'est levée, elle a regardé vers l'endroit où j'étais et s'est enfuie en courant entre les arbres de la rive. Je n'ai rien osé faire. Comme je n'ose pas maintenant continuer à écrire. C'est très difficile d'exprimer ce que je ressens dans ma tête et surtout dans mon cœur. »

« 3 juin 1921 — Je lui ai parlé ! Si maman le savait... Je lui ai parlé ! Je lui ai parlé ! Elle s'appelle María Cándida, le nom le plus doux du monde... »

« 5 juin 1921 — Je dois bien cacher mon journal maintenant, plus que jamais. Si maman le trouve... Jusqu'à maintenant, je l'ai rangé dans le coin de l'atelier où j'entasse mes toiles. C'est un angle sombre et en désordre. Mais je me méfie. Il faut que je trouve un autre endroit inaccessible pour maman, un endroit qu'elle ne puisse pas imaginer...

Je l'ai revue et je lui ai encore parlé. Nous nous sommes pris par... Non, je ne dois pas continuer à écrire sur elle, on ne sait jamais, ce cahier peut tomber entre les mains de maman. Il vaut mieux que je me taise, même si cela me fait mal. Ce serait si beau de pouvoir parler d'elle, de pouvoir écrire sur elle jusqu'à épuiser tous les mots qui existent... ! Mais je sais ce que je vais faire, j'ai trouvé, JE VAIS LA PEINDRE, je vais faire son portrait, comme je la vois, comme je la rêve. Je commencerai demain... »

« 10 juin 1921 — Ses cheveux, ses cheveux noirs, c'est le plus... »

Victorino Espinilla resta les yeux fixés sur le manuscrit. La phrase inachevée qu'il venait de lire était l'unique chose écrite le 10 juin. Quelque chose était arrivé au moment où le garçon avait commencé à écrire ce jour-là dans son cahier. Mais la surprise du jeune inspecteur augmenta encore lorsqu'il vit la date suivante : 9 novembre 1921. Quatre mois entre les deux dates, quatre mois au cours desquels Ildefonso Gil Delgado n'avait pas écrit un mot ! Le texte qui suivait éclaircit ses doutes et ses questions :

« Aujourd'hui, j'ai enfin achevé son portrait ! J'ai passé quatre longs mois de cauchemar. Je ne peignais que lorsque je savais que maman ne pouvait pas me surprendre et, d'autre part, je devais continuer à peindre des paysages pour éviter ses soupçons. Surtout après ce soir de printemps où elle fit irruption dans mon studio

et où j'eus juste le temps de cacher ce journal.
Je crois qu'elle a remarqué mon geste, j'ai vu
le soupçon dans son regard. Quelle peur j'ai
eue lorsque j'ai entendu la porte s'ouvrir !

Je relis cette phrase inachevée. Qu'allais-je
dire sur ses cheveux ?

De toute manière j'ai bien caché mon cahier,
et je n'ai pas osé le reprendre jusqu'à aujour-
d'hui. Chaque soir, j'ai enveloppé le portrait
inachevé de María Cándida dans un morceau
de toile cirée et je l'ai caché sous le toit par
la lucarne. Lorsque j'entendais la pluie, je ne
pouvais pas m'endormir ! Il est enfin achevé.
Maintenant je dois trouver le moyen de le lui
donner. Je crois avoir entendu un bruit dans
le jardin. Mais maman m'a dit qu'elle allait à
la rivière pour chercher de l'osier... »

*
* *

Le jeune inspecteur resta quelques minutes
les yeux fixés sur le cahier. Le manuscrit
s'arrêtait là, et les derniers mots étaient écrits
d'un trait pressé et inégal.

V

« Tiens, Inspecteur Espinilla ! Je pensais que vous aviez disparu, s'exclama le commissaire principal en voyant entrer dans son bureau le jeune inspecteur. Cela fait trois jours qu'on ne vous voit plus ! L'affaire de Peñafiel vous passionne toujours autant ?

— C'est une affaire passionnante, en effet.

— Alors, avez-vous tiré quelque chose au clair ?

— Pas grand-chose. Mais assez en tout cas pour douter que l'assassin du jeune Ildefonso Gil Delgado soit la jeune fille accusée et condamnée à cette époque-là.

— Est-ce que le journal de ce garçon permet de soupçonner quelqu'un d'autre ? demanda le commissaire de plus en plus intéressé.

— Non, pas exactement. Ce que l'on peut en déduire, c'est que le garçon était vraiment amoureux de la fille. Il l'avait même peinte en secret ! Je dois encore vérifier si le tableau trouvé dans la tombe est bien le portrait de la jeune fille en question. Dans ce cas, la théorie selon laquelle la fille a assassiné Ildefonso Gil par dépit serait fausse, contrairement à ce qu'avait déclaré la mère du garçon.

— C'est la mère qui avait émis cette hypothèse ?

— Oui, je l'ai vérifié dans les chroniques de

presse de l'époque. La mère, surnommée dans le village la Gila, n'a pas cessé d'accuser la jeune fille pendant tout le procès. Et pourtant...

— Pourtant ? demanda le commissaire, complètement absorbé par l'histoire maintenant.

— Pourtant, c'est justement le personnage de la mère, la Gila, qui me laisse le plus perplexe après la lecture du manuscrit de son fils. Elle lui faisait une peur quasi pathologique, il était terrorisé à l'idée qu'elle le surprenne à écrire ou à peindre le portrait de son amante... Et je pense qu'elle l'a surpris.

— Quand ?

— Peut-être le jour du meurtre. Dans les journaux de l'époque, j'ai découvert que le crime avait eu lieu le jour où s'arrête le journal du jeune Ildefonso : le 9 novembre 1921. Pas un jour, pas deux jours, pas un mois après le dernier mot, mais le jour même. Et la dernière phrase qu'il écrivit fut celle-ci : « Je crois avoir entendu un bruit dans le jardin. Mais maman m'a dit qu'elle allait à la rivière pour chercher de l'osier... »

Il y eut un moment de silence. Les deux policiers se regardèrent ; ils pensaient à la même chose.

« Le bruit a pu être fait par la fiancée, dit le commissaire, sans grande conviction.

— Ou par n'importe qui d'autre, répondit l'inspecteur. Pourquoi pas la Gila... Laissez-moi aller à Peñafiel, Commissaire, je suis sûr d'y trouver la clé de l'énigme.

— Allez-y, Inspecteur. Prenez le temps nécessaire, l'affaire en vaut la peine, acquiesça
le commissaire en serrant la main du jeune
inspecteur. Et bonne chance. »

*
* *

L'inspecteur Victorino Espinilla revint de sa
mission une semaine plus tard. La veille, il
avait téléphoné à son chef et celui-ci, plus
impatient que jamais, l'attendait déjà dans son
bureau depuis une demi-heure quand il entra.

« Alors, vous avez trouvé la solution ? »
demanda-t-il, lui serrant la main et sans
attendre qu'il fût assis.

Tandis qu'ils s'asseyaient tous les deux, le
jeune inspecteur sortit un mouchoir et s'essuya
les commissures des lèvres. Il semblait se
délecter de l'impatience de son supérieur.

« Oui ou non ? insista le commissaire. Je
meurs d'impatience.

— Presque, répliqua laconiquement le jeune
inspecteur.

— Comment presque ?

— Il ne me manque qu'un dernier détail à
constater. Disons pour être exact, à confirmer.

— Et pourquoi ne l'avez-vous pas fait à
Peñafiel ?

— Parce que la seule personne qui peut le
faire est ici, à Valladolid. C'est l'unique survi-
vante de toute cette mystérieuse histoire. Il
s'agit de María Cándida Garcia, la...

— ...la fiancée, ou l'amante, ou ce qu'on voudra... du mort ? s'enquit de plus en plus curieux le commissaire.

— Elle-même. Elle est ici, à l'hôpital psychiatrique.

— Chez les fous ?

— Oui, appelez ça comme ça si vous voulez, Commissaire. Mais avant que vous ne vous fassiez des illusions, je vais vous dire une chose. Cette femme ne pourra que nous confirmer la quasi-certitude que j'ai maintenant qu'elle n'a pas assassiné Ildefonso Gil Delgado. Malgré tout, j'ai bien peur qu'on ne puisse jamais découvrir le vrai coupable.

— Et après votre enquête au village, vous n'avez soupçonné personne ?

— Si... la mère.

— La Gila ?

— Exactement. A mon avis, Commissaire, c'est elle qui a assassiné son fils. Et je vais plus loin : c'est peut-être elle aussi qui a assassiné, vingt ans auparavant, son propre mari, un certain Antonio Gil ou le père Gil, comme on l'appelait dans le village, et dont le nom par la suite fut attribué à sa femme.

— Mais qu'est-ce que vous racontez, Espinilla ?

— Écoutez-moi bien, Patron. »

Le jeune inspecteur se cala sur sa chaise, sortit des notes de sa serviette et s'apprêta à donner à son supérieur tous les éléments qu'il avait pu découvrir sur les lieux de l'affaire.

« A Peñafiel, presque personne ne se rappelle ce qui est arrivé en 1921. Les jeunes n'ont entendu que des rumeurs et les vieux ont tout oublié ou prétendent l'avoir oublié, car presque tous refusent de parler du crime et encore moins de la propriété de la Gila, qui est toujours pour le village un endroit terrifiant.

— Et la fille, la fiancée du mort, n'a plus aucun parent en vie ?

— Non, plus personne. Le père et la mère sont morts depuis une dizaine d'années, et les autres parents sont partis en Extremadura. A ce qu'on m'a dit.

— Et elle était fille unique, n'est-ce pas ?

— C'est exact. Finalement, seule une vieille femme, une certaine... — l'inspecteur regarda ses papiers — Maura Cabezas a bien voulu me parler. C'est la seule personne dont, tant bien que mal, je suis arrivé à tirer quelques renseignements afin de pouvoir reconstruire les faits.

— Et... ?

— Eh bien, ils correspondent tous plus ou moins à ce que nous savions d'après les articles de presse de l'époque.

— Bon, et alors ?

— Tous, sauf un. Un fait que les journalistes n'ont jamais mentionné, ne le connaissant sans doute pas, mais sur lequel je fonde les soupçons dont je viens de vous parler. Vous vous en souvenez ?

— Les soupçons sur la Gila ?

— Exactement. La brave femme qui m'a raconté tout ça, l'avait entendu dire de la propre mère de la jeune fille, la présumée meurtrière, mille et mille fois, à ce qu'elle m'a dit. Et ni la pauvre femme, ni mon interlocutrice, ni tout le village entier n'ont jamais pu déchiffrer le mystère si ce n'est en l'attribuant à un acte de sorcellerie.

— Mais de quoi est-ce que vous parlez, Espinilla ? Arrêtez donc de faire du suspense comme un auteur de roman policier !

— Je parle de l'apparition d'une mystérieuse femme, d'une étrangère qui arriva au village une heure avant le crime et disparut peu de temps après qu'il eut été commis.

— Une étrangère ?

— Oui, une étrangère. Elle est arrivée au village le soir du 9 novembre 1921, elle a logé à l'auberge des parents de María Cándida, et lorsque la jeune fille est revenue de la propriété criant qu'elle avait trouvé le mort, l'étrangère avait disparu de sa chambre.

— C'est vraiment étrange.

— Mais vous allez trouver l'histoire encore plus étrange et bizarre lorsque vous saurez que c'est justement cette mystérieuse femme qui a envoyé la jeune fille chez la Gila lui porter un message la priant d'accepter sa visite.

— Une visite de l'étrangère à la Gila ? Et pourquoi ? Elles se connaissaient donc ?

— D'après ce que la vieille m'a dit, elle voulait lui expliquer qu'elle n'avait rien eu à voir dans la disparition de son mari, le père Gil, vingt ans auparavant.

— Je comprends de moins en moins, Inspecteur. L'étrangère avait déjà séjourné dans le village ?

— Oui. Elle était arrivée une première fois à Peñafiel, en 1901, et le lendemain, elle et le père Gil disparaissaient en même temps. La Gila avait dit alors que c'était l'étrangère qui avait séduit son mari et que celui-ci s'était enfui avec elle. Ce fut alors qu'elle jura que son fils, qui n'avait pas un an à cette époque-là, ne lui serait jamais enlevé par personne, ni femme, ni démon, et qu'elle l'enferma à jamais dans la sinistre maison de « La Gila » où elle le surveilla jour après jour.

— Mais le garçon, d'après le journal, était aussi amoureux d'une femme...

— Effectivement.

— Je ne vois pas le lien que tout ça peut avoir avec la nouvelle apparition de la mystérieuse étrangère dans le village.

— Revenons-en aux faits. Le soir de l'assassinat du jeune Ildefonso, l'étrangère arrive au village, elle loge chez María Cándida, l'envoie chez la Gila et lorsque la jeune fille revient épouvantée, l'étrangère a disparu !

— Oui, d'accord, mais...

— Attendez ! Peu après l'arrivée de la jeune fille, la Gila en personne, hors d'elle, fait son entrée en scène et accuse María Cándida d'avoir tué son fils. »

Le commissaire se leva d'un bond et, appuyant les deux mains sur son bureau :

« Vous pensez que l'étrangère et la Gila étaient... une seule et même personne ?

— J'en suis presque sûr, Commissaire. La brusque interruption du journal de son fils le même soir du 9 novembre, à la suite d'un bruit qu'il vient d'entendre, représente pour moi l'indice le plus significatif. La mère est rentrée dans l'atelier du garçon et l'a surpris avec le cahier et le portrait de la fille. Folle de rage qu'une femme lui ait arraché le cœur de son fils, elle le tue et imagine ensuite le scénario de la mystérieuse étrangère afin de faire peser les soupçons sur la maîtresse d'Ildefonso, qu'elle vient de reconnaître sur le tableau.

— Mais est-ce vraiment la femme du tableau ?

— Voilà le détail qu'il me reste à vérifier. Et je vais le faire immédiatement. Si vous voulez m'accompagner... J'ai amené la toile avec moi pour la confronter avec la vraie María Cándida Garcia.

— A l'asile ? demanda le commissaire surpris.

— Les malades mentaux vous font peur, Commissaire ? ironisa le jeune inspecteur.

— Bien sûr que non ! Je vais avec vous ; je meurs d'envie de connaître le dénouement de cette histoire. »

Les deux hommes montèrent dans la voiture de l'inspecteur et se dirigèrent vers l'extérieur de la ville.

Pendant quelques minutes, aucun des deux ne parla. Le commissaire prit le portrait sur le siège arrière et le regarda attentivement.

« Ainsi, on l'a trouvé dans la tombe, à côté de son auteur..., réfléchit-il à haute voix.

— Sa mère l'a enterré avec le cadavre pour que personne ne le voie, confirma le jeune policier. Après l'avoir déchiré, comme vous pouvez le constater... Sûrement avec le même couteau qu'elle a utilisé pour assassiner son fils. »

Ils se turent à nouveau. La voiture avait déjà dépassé les dernières maisons de la ville et s'engageait maintenant sur une route étroite, bordée de peupliers, conduisant à l'hôpital.

Le commissaire reprit soudain la parole :

« Dites-moi, Espinilla, vous ne pensez pas que l'étrangère de la première fois, celle qui était apparue lors de la disparition du père Gil, aurait pu être sa propre femme, la Gila ?

— C'est possible, Commissaire, mais je n'en sais rien. Peut-être y eut-il aussi une femme qui plut au père Gil, sa femme le sut, inventa le scénario de l'étrangère et proclama ensuite à qui voulait l'entendre que son mari s'était enfui avec elle.

— Mais... tout ça... après l'avoir assassiné, comme son fils ?

— On le saura si un jour on retrouve son cadavre », répondit l'inspecteur à mi-voix, alors qu'il garait la voiture en face de l'hôpital psychiatrique.

Les deux policiers firent chercher le directeur
du centre et lui expliquèrent la raison de leur
visite. Une demi-heure plus tard, María Cándida
fit son apparition. Tous deux se levèrent, ne
pouvant dissimuler un geste de stupeur devant
le directeur du centre qui accompagnait l'in-
ternée.

« Ces messieurs veulent te montrer quelque
chose, María Cándida », lui expliqua le médecin.

Le visage de la pensionnaire exprimait à la
fois la douceur et l'absence, sillonné de rides,
entouré d'une longue chevelure aussi blanche
que la farine. Était-ce la femme du portrait ?
D'après les calculs, la jeune fille liée aux
événements de Peñafiel devait avoir maintenant
une cinquantaine d'années. Mais cette vieille
femme semblait en avoir plus de quatre-vingts.

« C'est impossible, s'exclama entre ses dents
le commissaire. Ce visage ne peut être celui
du tableau !

— On va le savoir tout de suite », murmura
le jeune inspecteur.

Et, déroulant prestement le portrait à deux
mains, il le présenta à María Cándida.

Celle-ci resta quelques instants ébahie devant
le tableau, comme hypnotisée, puis, joignant
les mains comme pour prier et reculant tout
doucement comme si quelqu'un la menaçait,
elle se mit à sangloter :

« Il m'aimait ! Ce n'est pas moi qui l'ai tué !
Il m'aimait ! Ce n'est pas moi qui l'ai tué ! Il
m'aimait ! Il m'aimait !... »

L'histoire que vous venez de lire n'est pas tout à fait réelle. Mais elle n'est pas tout à fait irréelle. Notre récit se fonde sur une légende populaire que l'on raconte à Peñafiel, un petit village situé à 50 kilomètres de Valladolid, en rapport avec une vieille maison abandonnée — La Gila — où, semble-t-il, une femme étrange vécut avec son fils au début de notre siècle et où un mystérieux crime eut lieu sans que personne ait jamais su comment et qui l'avait commis.

Valladolid, le 28 avril 1983.

TERRA MEIGA CONTRE MGW

Carmen AIDO LAGO
Lucia BARROS BUSTO
Antonio BLANCA ABUIN
Gabriel CALVAR GONZALEZ
Bruno-Julio CENTELLES GARCÍA
Carmen CHAVES SANTOS
José Carlos FERNANDES MARTINEZ
Elvira FIDALGO FRANCISCO
María MIRAGAYA PEREIRA
José Antonio OTERO MANTEIGA
Nieves OTERO OTERO
Ramon POMBO MANTEIGA
Elena SANCHEZ TRIGO
Dolores TÁBOAS ALONSO
Carmen TEMBRÁS ALONSO.

Avec la collaboration de :

Françoise JOURDAN

Assassinat à As Pontes

La Voz de Galicia, 7 mai 1982 :
« Hier soir, vers 22 h, Xavier Calvar, ingénieur en chef de la Centrale Thermique d'As Pontes de García Rodriguez, a été trouvé mort dans son garage, tué d'un coup de revolver à la tempe, au cours d'une fête qui avait lieu à son domicile pour célébrer le dixième anniversaire du premier huit de la Centrale. La nouvelle, aussitôt répandue, a suscité une vive émotion dans la petite ville où l'ingénieur Calvar était connu et apprécié de tous. La Guardia Civil a commencé à interroger les premiers témoins. »

*
* *

Journal d'Elvire, 7 mai 1982, 10 heures du matin :

« Je relis pour la troisième fois cette nouvelle de dernière heure sur laquelle je viens de tomber, là, en avant-dernière page du journal que je feuillette, comme d'habitude, en avalant mon petit déjeuner. Moi aussi je suis frappée. Je revois Calvar comme si je l'avais quitté hier. Voilà pourtant plus de six ans que j'ai dû faire ce fameux reportage pour *La Voz* à la Centrale d'As Pontes : toute cette histoire embrouillée à la suite de la fuite d'un isotope radioactif ! Même *Europe 1* s'en était mêlé ! Calvar m'avait bien aidée. J'ai beau être licenciée ès sciences (au chômage), je n'étais pas très au courant des isotopes et de leur rôle dans une centrale thermique. Enfin, grâce à Calvar, j'avais pu envoyer très vite des papiers corrects au journal. Et je dois reconnaître que cela a bien facilité mes débuts dans le journalisme en « free lance ». Maintenant, je reste là, les bras ballants, à fixer les rigoles de pluie sur les carreaux. Je pressens un mystère là-dessous. Déjà, avec l'isotope, il y avait eu des rumeurs... Tout n'était pas clair : accident pur et simple ? Négligence regrettable ? Ou bien « distraction » intentionnelle ? Aujourd'hui, je me sens prête à tirer toutes les sonnettes qu'il faudra pour me faire envoyer sur le terrain. Sinon, j'irai à mon compte : il faut que j'en aie le cœur net. »

*
* *

Ce matin-là en sortant de sa douche, au
moment où elle allait appeler la rédaction de
La Voz à La Corogne pour leur proposer de
couvrir le meurtre d'As Pontes, Elvire Fidalgo
reçut un coup de fil du journal lui demandant
si elle voulait se charger de cette affaire : ils
se souvenaient de ses articles sur la centrale
dix ans auparavant et pensaient qu'elle était
la personne la mieux indiquée pour écrire un
papier là-dessus.

Le temps de fourrer quelques vêtements dans
son sac de voyage, et la voilà partie au volant
de sa petite Ford Fiesta. Elle fit les cent vingt
kilomètres qui séparent Santiago d'As Pontes
en un temps record, malgré la pluie qui ne
cessa pas de tomber toute la matinée. Le
paysage, fouetté par l'averse, déroulait inlas-
sablement le camaïeu naïf de ses verts : vert
acide des prairies, vert sombre des pinèdes, vert
bleuté dans les lointains, sur le fond argenté
du ciel. De temps en temps, le soleil perçait
entre les nuages, sans que pour autant la pluie
cesse. Alors, d'un seul coup, c'était l'éblouissement, la transfiguration, le paradis retrouvé.
Elvire se mit à fredonner un vieux dicton
populaire :

S'il pleut et que le soleil brille,
Des aiguilles piquent le cul des filles.
C'est que le diable est à Ferrol,
Et veut que toutes batifolent [1].

Il est vrai que le diable ne chôme pas en
Galice ! Mais il a la partie dure dans ce pays
qui porte partout les marques solides du
christianisme : cruceiros [2] de granit, grêles et
frustes, autour desquels se rassemblent les
paroissiens aux jours de fêtes votives ; horreos [3]
taillés dans le même granit, bâtis sur pilotis
pour protéger les récoltes des rongeurs et de
l'humidité et toujours surmontés d'une croix.
Elvire sourit au souvenir d'une journaliste
parisienne, trop imaginative ou mal informée
par un passant malicieux ; elle les avait pris
pour des tombeaux ! Son prestigieux hebdo-
madaire avait publié photos et commentaire
sans chercher plus loin. La presse, ce n'est pas
le C.N.R.S., forcément !

1. Traduction libre du dicton galicien :
Cando chove e fai sol
Anda o demo por Ferrol
pinchándolle o cu ás mulleres
con agullas e alfileres.
2. Cruceiro : petit calvaire présentant sur une face le
Christ en croix et, sur la face opposée, adossée à cette
même croix, une piéta. Le tout repose sur un fût de
granit d'environ 2,50 m de hauteur.
3. Horreo : grenier à maïs sur pilotis, de construction
très soignée, typique de la Galice. Chaque ferme a le
sien.

Quelques minuscules chapelles, accrochées çà et là au flanc des collines devaient encore servir, une fois l'an, à chasser le meigallo [4], l'esprit maléfique qui torture le corps et l'âme des possédés.

Une atmosphère humide et molle, presque tiède, enveloppait toutes choses, comme si la Galice entière n'était qu'une grande étuve refroidie, les thermes du bout du monde. La même atmosphère, très exactement, que le jour où elle avait fait la connaissance de l'ingénieur Calvar. Elle le revoyait très nettement, immobile, tendu, silencieux, au milieu d'un groupe d'hommes qui vociféraient à la porte de la centrale. Grand, mince, élégant, et pourtant plus tout jeune. Il déplorait alors la publicité faite à propos de cette fuite d'un isotope et ne dissimulait pas l'agacement que lui causait la dramatisation des conséquences éventuelles, les examens médicaux des employés soi-disant contaminés. Il ne croyait pas au danger et il semblait de bonne foi.

Dès son arrivée à As Pontes, Elvire se rendit à l'hôtel Fornos. Il était temps : il ne restait plus que deux chambres. Jamais on n'avait vu un pareil remue-ménage dans cet établissement d'habitude si morne. La salle à manger était déjà presque pleine : journalistes, curieux, voyageurs qui avaient fait un petit crochet pour satisfaire leur curiosité. Au bar, des gens du

4. Meigallo : mauvais œil, de « meiga » : sorcière.

pays — qui se disaient tous bien informés —
et quelques employés de la centrale n'avaient
qu'un seul sujet de conversation : le meurtre
de Calvar. On se parlait d'une table à l'autre,
sans se connaître. C'était un vrai chaos
d'opinions contradictoires. Au bar, ceux du
pays insistaient sur la thèse de la jalousie (mais
laquelle ? celle de l'épouse ou d'une maîtresse ?).
Un réparateur d'excavatrices de lignite préten-
dait qu'il avait été témoin il y a quelque temps
d'une discussion violente entre l'ingénieur
Pombo, le vice-directeur de la centrale, et la
victime, à propos de la fuite de l'isotope.
Certains clients penchaient pour le suicide :
d'autres parlaient de l'intervention d'un mystérieux groupe extrémiste, à cause de l'arme,
un Star 9 mm parabellum à silencieux.

Le garçon qui servit Elvire au moment du
déjeuner lui donna avec chaque plat les détails
sur la fête de la veille. Le restaurant Fornos
avait été chargé de fournir les canapés et le
champagne ; lui-même avait été envoyé à la
villa avec une fourgonnette pour livrer la
commande et disposer les plats sur les tables
du jardin. Il avait même entendu l'ingénieur
et sa femme se disputer pendant qu'il déchargeait
sa camionnette, mais il n'avait pu comprendre
de quoi il s'agissait.

Son café avalé, Elvire se précipita au poste
de la Guardia Civil pour recueillir la version
officielle des faits. Le sergent Casimiro Paris la
reçut très aimablement. Il n'avait pas l'air

pressé du tout et semblait prendre plaisir à
parler de cette affaire qui apportait un changement dans sa vie monotone. Il portait
quarante ans environ. Il avait beau se tenir
très droit et même se cambrer, il ne devait
pas mesurer plus d'un mètre soixante-dix ; tout
juste la taille requise pour entrer dans la
Guardia Civil. Son regard avait une fixité
gênante qui était peut-être due tout simplement
à la fatigue de la nuit. Ses mains puissantes
de paysan jouaient avec un porte-clés d'argent
émaillé représentant la double croix de Carabaca,
amulette mi-païenne mi-chrétienne, assez répandue en Galice et réputée pour son bon effet
contre le mauvais œil. Il fit asseoir la journaliste
et lui offrit une cigarette. Lui-même fumait
sans arrêt. Son cendrier débordait et la fumée
rendait l'atmosphère irrespirable. Il fit un long
exposé à Elvire sur les événements de la veille.
Il n'était pas là au moment de l'appel
téléphonique annonçant le meurtre ; il faisait
sa ronde de routine. En rentrant au poste, à
22 h 30, l'agent Lopez l'avait informé et il
avait immédiatement rejoint les deux autres
agents déjà partis sur le lieu du crime.
Heureusement, ses hommes s'étaient montrés
efficaces et avaient pu empêcher les invités
naturellement bouleversés de rien toucher. Ils
avaient même réussi à les grouper tous dans
le salon. Lui-même avait alors téléphoné à
l'inspecteur de Ferrol pour l'informer et recevoir
ses instructions (c'était la première fois qu'il se

trouvait devant ce qu'il appelait « un cas
délicat »). Suivant les ordres de ce dernier, il
avait fait prendre une vingtaine de clichés du
corps, il avait vérifié l'identité des témoins et
leur avait ensuite permis de regagner leur
domicile, à condition de ne pas s'en éloigner
et de rester à tout moment à la disposition de
la police. Il leur avait demandé de se présenter
devant l'inspecteur, ici, au poste, le lendemain
matin à 10 heures, c'est-à-dire aujourd'hui.
L'inspecteur de Ferrol était en ce moment en
train d'interroger M. et Mme Manteiga dans
le bureau voisin. Le sergent Casimiro Paris
avait également demandé au médecin légiste
de venir examiner le corps. L'examen de la
peau des doigts de la main droite devait bientôt
permettre de savoir s'il s'agissait ou non d'un
suicide.

Étrange, ce Casimiro, pensa Elvire en sortant
du commissariat. Un militaire d'opérette ? Très
droit, cambré même, sanglé dans son uniforme,
il avait une assurance théâtrale, presque
excessive. Mais, quand sa femme l'avait appelé
pour lui dire d'aller chercher les enfants à
l'arrêt du car scolaire, il avait mis fin immédiatement à leur entretien. Bon mari, bon
père...

*
* *

Journal d'Elvire, 7 mai, 23 h 30.

« Surprise, en descendant, de retrouver l'ingénieur Pombo. Encore une vieille connaissance. C'est lui qui avait fait tout ce raffut à propos de la fuite de l'isotope. Beaucoup moins faraud ce soir, lugubre devant son verre de Mondariz. Le moral à zéro. C'est grâce à son chien que je l'ai tout de suite repéré dans la salle du café. Un superbe berger écossais, les yeux noyés d'amour pour son maître. Il ne le quitte pas d'une semelle. Il m'en faudra un comme ça quand j'aurai une maison à moi. Il était visiblement heureux de bavarder avec moi. Nous avons dîné ensemble. Enfin, j'ai dîné, et lui, il a joué avec une tranche de colin bouilli, sans sauce, dont il a dû absorber à peine le quart. Il est persuadé qu'on le soupçonne, qu'on le prend pour un aigri, jaloux de son défunt supérieur, un affabulateur ou au mieux un imaginatif dont il faut se méfier. Tout cela ne tient pas debout. On le sent à la fois batailleur et très vulnérable. Je crois que je lui ai un peu remonté le moral, simplement en l'écoutant. Il est persuadé avoir vu le meurtrier s'enfuir le soir du crime : un bossu dont il n'a pu distinguer les traits. Pourquoi pas ? Que le premier suspect soit une sorte d'« esperpento » [1], c'est tout à fait dans le style du pays. Chez nous la réalité continue de ressembler aux

---

1. Esperpento : épouvantail. Sens figuré : personnage grotesque du théâtre de Valle Inclan.

fictions de notre grand Valle Inclàn ! Demain,
je téléphonerai à la Corogne ; j'ai un copain à
la B.I.C. [1] qui pourra peut-être me trouver des
bossus intéressants dans ses fichiers. Nous
avons scellé notre pacte d'entraide en sirotant
une camomille. Touchant. »

La veuve Calvar

Le 7 mai, à neuf heures du matin, l'inspecteur
de Ferrol, dès sa descente de voiture, demanda
à voir le sergent Casimiro Paris, responsable
du poste de la Guardia Civil. Il y eut un
moment de silence embarrassé pendant lequel
les deux guardias présents échangèrent de brefs
sourires. L'inspecteur, surpris de leur attitude,
répéta sa question et l'agent Lopez finit par lui
dire que le sergent était au hameau de Bermui,
à six kilomètres d'As Pontes, et qu'il allait
revenir immédiatement. L'inspecteur eut un
haussement d'épaules, poussa d'un geste sec la
porte du bureau du sergent, posa son porte-
documents sur la table et jeta un regard

1. B.I.C. : Brigade d'investigation criminelle.

circulaire sur la pièce. Son attention se fixa un moment sur une rangée de livres bariolés, des romans sans doute, rangés sur une étagère, derrière le bureau ; oui, c'était bien cela, des romans, rien que des romans galiciens et des recueils de légendes. Cette découverte sembla accroître son impatience. On ne devait pas se tuer au travail ici. Et ce Paris qui n'arrivait pas ! Mais, d'abord, qu'allait-il faire dans ce hameau de Bermui ? L'agent Lopez finit par lâcher qu'il était allé consulter une meiga [1], une meiga très réputée, qui était, de plus, une vieille amie de la famille Paris. Une femme d'une soixantaine d'années, habile à guérir les foulures, et même les fractures, et très efficace contre les mauvais sorts jetés par des voisins mal intentionnés.

L'inspecteur s'assit, visiblement exaspéré.

« Les bras m'en tombent ! » soupira-t-il.

A cet instant, Casimiro Paris entra et parut contrarié de constater que l'inspecteur était déjà là. Il expliqua que, pendant le peu de sommeil qu'il avait pu prendre, il avait eu un épouvantable cauchemar : il s'était vu croisant sur la lande la Santa Compaña et le dernier de cette sinistre troupe de fantômes lui avait remis le cierge fatidique ! Cela signifiait, comme tout le monde le sait, qu'il allait bientôt mourir.

---

1. Meiga : personnage encore important de la vie paysanne, mi-rebouteuse, mi-sorcière.

C'est pourquoi il était allé consulter la meiga qui avait toujours bien soigné et bien conseillé toute sa famille, depuis son grand-père jusqu'à lui-même.

Devant sa mine défaite et son inquiétude évidente, l'inspecteur renonça à employer l'ironie et se limita à demander qu'on veuille bien se mettre enfin au travail, et, pour commencer, à faire le point et à fixer l'ordre du jour.

*
* *

A dix heures précises, madame Calvar entra dans le bureau qu'occupait l'inspecteur de Ferrol, à côté de celui du sergent Casimiro Paris. Elle était toute habillée de noir. C'était une femme grande et mince ; ses cheveux châtain clair et sa peau extrêmement blanche contrastaient d'une façon saisissante avec sa robe noire boutonnée jusqu'au cou. Elle possédait apparemment une grande force morale ou une grande maîtrise d'elle-même qui lui permettait d'affronter sans trouble les événements les plus tragiques. Sa sérénité rendait plus surprenantes encore les énormes lunettes noires qu'elle portait. On avait peine à croire qu'une femme aussi sûre d'elle puisse jamais pleurer.

L'inspecteur se leva pour lui présenter ses condoléances et s'excusa de l'obligation où il se trouvait de l'interroger si peu de temps après le drame. Il essaierait d'être aussi bref que possible et se limiterait aux questions essentielles.

« Votre mari a-t-il été récemment l'objet de menaces et lui connaissez-vous des ennemis ?

— Pas que je sache. Mais, même s'il avait reçu des menaces, il ne m'en aurait probablement rien dit pour ne pas m'inquiéter. Non, je ne lui ai jamais connu aucun ennemi. Mon mari était une personne respectée dans tout le village, dans toute la région même. Je ne peux pas imaginer qu'il y ait eu quelqu'un qui lui ait voulu du mal.

— Il devait avoir beaucoup de relations. Lui connaissiez-vous des amis particulièrement intimes auxquels il aurait pu se confier ?

— Il était très aimable avec tout le monde. Il essayait de faire plaisir, de rendre service à tous. Il était très bon. Mais il n'avait pas d'ami vraiment intime, pas de confident. »

Sa voix était aussi assurée que le reste de sa personne. On n'y sentait pas le moindre frémissement d'émotion. L'inspecteur commençait à penser qu'il se trouvait peut-être bien devant une affaire plus difficile qu'il ne l'avait prévu. L'air impénétrable de madame Calvar semblait le déconcerter énormément. Il était habitué aux femmes galiciennes, beaucoup plus expressives dans le malheur. La froideur de celle-ci lui semblait, paradoxalement, un peu théâtrale. Que cachait-elle ? Il reprit l'interrogatoire.

« Avez-vous remarqué quelque chose d'anormal ces derniers temps dans la vie de votre mari ?

— Non, rien. Il menait une vie très régulière, monotone même : la centrale, la famille, la maison... rien d'autre. Son emploi du temps était très chargé. Le directeur d'une centrale de cette importance est toujours occupé, vous savez ; des réunions, des dîners, des voyages. Tout cela le rendait un peu irritable parfois.

— Vos relations personnelles étaient-elles bonnes ?

— Il me semble que oui. Nous n'avions pas de grands problèmes. Je dois pourtant reconnaître qu'après la fuite de l'isotope, il était plus fréquemment abattu, sombre ou nerveux. Cela avait été un coup très dur pour lui. Il était déjà à ce moment-là le principal responsable de la centrale.

— Oui, je comprends. Madame Calvar, il me reste encore à vous poser une question un peu délicate. Je vous prie de m'en excuser. Votre mari avait-il une maîtresse ? »

Elle ne se troubla pas. Elle répondit de la même voix égale :

« Depuis quelques mois, je soupçonnais quelque chose de ce genre. Mais je ne peux rien assurer. Souvent, il rentrait très tard, bien après minuit. Certains week-ends, il partait

seul. Il disait avoir besoin de cette solitude
pour calmer ses nerfs malades. Il disait que
son travail ne marchait pas comme il aurait
voulu et qu'il lui fallait absolument changer
d'air. Il n'a jamais accepté une seule fois que
je l'accompagne.

— Et avec les Manteiga, quelles étaient vos
relations ?

— Les Manteiga étaient de très bons amis
de mon mari. Ils se connaissaient depuis
longtemps et se retrouvaient souvent. Xavier
les avait invités à notre garden-party, malgré
mon opposition, je dois le dire... Hélène m'agace :
elle me tape sur les nerfs avec sa coquetterie
ridicule. Quant à lui, il est très agréable, mais
quand il est dans une soirée avec sa femme,
il n'est plus le même. Elle est très séduisante,
très attirante et quand elle a un peu bu, elle
devient facilement provocante ; ce qui rend
chaque fois Manteiga fou de jalousie. Ils
risquaient de nous gâcher la soirée, vous
comprenez. Mais Anton était un ami d'enfance,
son meilleur ami probablement et Xavier voulait
absolument qu'il vienne, et avec sa femme
naturellement. Enfin, elle est arrivée dans une
robe du plus mauvais goût, excessivement
décolletée et s'est mise à flirter outrageusement
avec l'ingénieur Pombo. Manteiga enrageait. Il
voulait repartir avant le champagne. Même
mon mari semblait contrarié et il a fini par
me glisser à l'oreille : « Tu avais raison, ma
chérie, Hélène n'est pas sortable ! Tâche de

trouver un truc pour la séparer de Pombo !
Elle manque vraiment trop de tenue ! »

Elle s'échauffait en parlant, tout à coup.
L'inspecteur la regarda d'un air surpris. Elle
s'en aperçut et se tut. L'inspecteur sentit qu'il
fallait passer très vite à la question suivante,
avant qu'elle ne soit à nouveau sur ses gardes.
Il reprit :

« Et maintenant, madame, pouvez-vous me
dire quand et comment vous avez découvert
le corps de votre mari ?

— Deux ou trois minutes avant dix heures.
A dix heures moins le quart, je lui avais moi-
même rappelé qu'il était temps d'aller chercher
le champagne et il s'était aussitôt dirigé vers
le garage. Je dois vous expliquer qu'il avait
commandé dix bouteilles de Veuve Clicquot ; il
voulait toujours ce qu'il y a de mieux. Et pour
l'anniversaire de la centrale, ce n'était pas le
moment de faire les choses à moitié. Il était
heureux de faire plaisir à ses amis. A dix
heures moins le quart, il est donc allé dans le
garage comme prévu, pour chercher le champagne qu'il avait mis à rafraîchir dans une
grande bassine pleine de glaçons et posée sur
une brouette qu'il avait l'intention de rouler
jusqu'au milieu du jardin. C'était une surprise
pour ses invités. Il voulait qu'à dix heures ils
lèvent tous leur coupe à la santé de la centrale,
à dix heures précises, à l'instant anniversaire
de la fin du premier huit. Ce champagne, en
fait, n'était pas vraiment une surprise : tout le

monde s'y attendait plus ou moins. Mon mari
s'est donc éclipsé discrètement. Comme à dix
heures moins cinq il n'était pas encore sorti
du garage, je suis allée voir ce qui se passait
et lui rappeler l'heure. A ce moment, il devait
être dix heures moins trois. Je l'ai trouvé entre
la voiture et le mur du fond du garage couché
sur la brouette, sur les bouteilles et les glaçons.
J'ai cru qu'il était en train de chercher quelque
chose par terre ; je lui ai dit de se dépêcher
et, comme il ne répondait pas et ne bougeait
pas, je l'ai pris par le bras pour l'aider à se
relever, pensant qu'il avait peut-être eu un
malaise. Alors il a glissé, il est tombé de tout
son long par terre. En frappant le sol, sa tête
a tourné et j'ai vu son visage de profil. Il était
couvert de sang. C'était horrible à voir. Je ne
sais plus très bien ce qui s'est passé ensuite.
Je me suis appuyée au mur du garage et j'ai
senti que je glissais à mon tour, longtemps,
très longtemps, le long de ce mur. J'ai dû
crier ; j'aurais voulu ne pas crier, mais je n'ai
pas pu m'en empêcher. Je ne sais pas, je ne
sais plus. Quand je suis revenue à moi, j'étais
dans ma chambre, allongée sur mon lit. Voilà,
monsieur l'inspecteur, c'est tout ce que je peux
vous dire. »

Elle se passa légèrement la main sur le front
et respira profondément.

Quand l'inspecteur lui tendit sa déclaration
pour qu'elle la signe, madame Calvar, d'un
geste machinal, enleva ses lunettes noires, ce

qui lui permit de constater, tandis qu'elle relisait, que ses yeux n'étaient ni rouges, ni gonflés. Portait-elle habituellement des verres fumés ? Sinon, pourquoi avait-elle mis des lunettes pareilles un jour de pluie et pourquoi les avait-elle gardées tout le temps dans ce bureau si mal éclairé ? Sentiment de l'autruche qui pousse à croire que moins on voit, moins on est vu ? Ou sentiment de certains photographes qui sont persuadés qu'ils voient d'autant mieux qu'on les voit moins ?

L'inspecteur s'excusa une fois encore et l'accompagna jusqu'à la porte. Un instant plus tard, il la vit par la fenêtre s'installer à l'arrière d'une Seat 131 Diplomatic qui démarra presque aussitôt. Elle avait remis ses lunettes. Des curieux observaient la scène du trottoir d'en face. Son désir d'échapper à cette curiosité-là était bien compréhensible, après tout. La perte d'un époux va parfois sans soupirs, mais si l'usage d'un pays veut que les larmes d'une veuve soient ostentatoires, ce n'est pas de l'hypocrisie, mais de la délicatesse, que de cacher ses yeux secs.

Avant de se rasseoir à son bureau, l'inspecteur entra dans le bureau du sergent Paris. Ce dernier étant absent, il examina de nouveau les livres sur l'étagère : A Vila Sulagada (La Ville Engloutie), de Daniel Cortezon, Morrer en Castrelo de Miño (Mourir à Castrelo de Miño), de José F. Ferreiro, voisinaient avec des contes, des romans et tous les tomes déjà parus de l'Enciclopedia Galega. De chacun dépassaient plusieurs bouts de papier marquant les pages privilégiées du lecteur. Il eut la curiosité de voir ce qui pouvait intéresser le sergent : toujours la même chose, des légendes, des histoires de sorcellerie et aussi des comptes rendus de procès entre l'administration et des paysans qui voulaient éviter un barrage, un lac artificiel ou l'assèchement d'un marais sous prétexte qu'il y avait au fond une ville engloutie, ou même, comme à la Laguna de Antelo, toute la Cour du Roi Arthur dont les Chevaliers étaient, pendant l'été, transformés en moustiques voltigeant à la surface de l'eau stagnante ! L'inspecteur revint aux romans. Il parcourut quelques prières d'insérer, quelques introductions rapides. C'était des procès romancés, des histoires de résistance paysanne aux décisions de l'État. Curieux, un tel goût, précisément chez un serviteur de l'État !

L'ingénieur Pombo

Petit, râblé, l'œil fureteur, la barbe soignée, il avait un physique de bon vivant que démentait son expression anxieuse. Peut-être était-il tout simplement la proie des idées noires qu'engendrent les nuits blanches. Comment n'étouffait-il pas sous cette veste de sport molletonnée sous laquelle il portait encore un gilet de tricot déboutonné à hauteur de l'estomac ? Sa main gauche s'était glissée par l'entrebâillement et massait avec une incessante sollicitude son épigastre rebondi. L'inspecteur, pour le recevoir, se limita à décoller ses fesses de quelques centimètres de son fauteuil de bois en lui indiquant la chaise.

« Monsieur Pombo, corrigez-moi si je me trompe : vous êtes bien le second responsable de la centrale thermique, l'ingénieur en second et le sous-directeur, et vous occupez ce poste depuis... ?

— Depuis la mise en fonctionnement de l'usine, comme l'ingénieur Calvar. Mais pour moi, c'est mon premier poste.

— Quels étaient vos rapports avec le directeur ?

— Normaux. Oui, je sais, ça ne veut pas dire grand-chose. Voyez-vous, les choses changent avec le temps. Au début, nos relations étaient cordiales; j'avais pour lui de l'estime, de l'admiration pour sa compétence. Et lui aussi semblait m'apprécier. Il me consultait toujours sur tous les problèmes un peu délicats. Nous avions des rapports de collègues qui s'entendent bien, mais nous ne nous fréquentions pas en dehors du travail. Enfin, tout allait très bien jusqu'à la fuite de l'isotope. Évidemment, vous êtes au courant pour la fuite ? Ce genre de choses, ça fait toujours du bruit, qu'on le veuille ou non. C'était il y a cinq ans.

— Oui, je m'en souviens parfaitement, en décembre 1977. Justement, j'allais vous demander votre point de vue sur cet incident.

— Incident ? dites plutôt accident, et accident grave ! Comme vous le savez peut-être, ces isotopes nous servent pour la soudure; ils doivent toujours être déplacés à l'intérieur d'une caissette étanche, doublée de plomb. Le jour de l'accident, quand la caissette est entrée dans la salle de sécurité pour introduire la barre d'uranium dans la soudeuse, Calvar, qui, ce jour-là, avait voulu se charger personnellement de l'opération, a oublié d'appuyer sur la commande qui referme automatiquement la porte de la salle ce qui a provoqué une fuite pendant que je manipulais les mains mécaniques pour déplacer l'uranium. J'ai donc été exposé aux radiations; et deux autres employés avec moi. Naturellement, après cela, mes relations avec Calvar ont été beaucoup moins cordiales.

Mettez-vous à ma place. J'ai toujours soutenu que cette fuite n'aurait jamais dû se produire. Calvar était devenu de plus en plus négligent. Et puis il manquait de plus en plus de caractère, de fermeté avec ses subordonnés. Enfin, c'est moi qui ai exigé des examens médicaux pour s'assurer qu'il n'y avait pas eu de contamination. Alors il a imaginé je ne sais quoi... que je lui en voulais personnellement. Ce que je voulais, en réalité, c'était marquer le coup, attirer l'attention sur les dangers de ce genre de manipulations, sur la nécessité absolue de respecter scrupuleusement toutes les normes de sécurité. Vous savez comment ça se passe... Plus Calvar était distrait, plus il était négligent, plus le personnel en prenait à son aise. Les habitudes font loi, et la loi, c'était la tolérance un peu partout, et le résultat un scandaleux laisser-aller dans la marche de l'usine. Mon enthousiasme des premiers temps se transformait en irritation. Calvar me décevait et je ne le lui pardonnais pas.

— Quand même, monsieur Pombo, il ne faut rien exagérer. Cette centrale ne marchait pas tellement plus mal que les six autres. Mais nous ne sommes pas ici pour discuter de la gestion de l'entreprise. Pour en revenir à la mort de monsieur Calvar, nous n'écartons pas encore complètement l'hypothèse du suicide. L'arme était très près du corps et le coup de feu d'une remarquable précision. Est-ce que vous croyez que monsieur Calvar aurait pu se

suicider ? Lui connaissiez-vous d'autres problèmes en dehors de l'usine ? Que sais-je, le
jeu ? les femmes ? la drogue peut-être ?

— Ça, monsieur l'inspecteur, je n'en sais
rien du tout. Je vous l'ai déjà dit, en dehors
du travail, nous ne nous fréquentions pas,
Calvar et moi.

— Pourtant, il vous avait invité hier soir
chez lui ?

— Il pouvait difficilement faire autrement.
Cela aurait choqué que je n'en sois pas. C'était
le dixième anniversaire de la centrale et j'avais
travaillé à sa mise en route au moins autant
que lui. C'était une de ces réceptions hétéroclites
où l'on essaie de faire d'une pierre deux coups
en fourrant ensemble des amis intimes et des
relations de travail, le plaisir et les obligations
sociales, quoi. Ça m'a d'ailleurs donné l'occasion
de faire la connaissance d'une de leurs amies
intimes, madame Manteiga, qui m'a harponné
dès mon arrivée et qui ne m'a pas lâché...
Bien, d'ailleurs, mais pas du tout mon genre
de femme. Comme je n'ai rien d'un Adonis, et
encore moins d'un Don Juan, je me demande
encore à quel petit jeu elle pouvait bien jouer,
celle-là !

— Excusez-moi, monsieur Pombo, mais nous
nous égarons. Pour en revenir à la mort de
monsieur Calvar, pensez-vous qu'un suicide... ?

— Franchement, j'ai du mal à y croire. Tout
ce que je peux vous dire, c'est qu'après la
découverte de la fuite de l'isotope et de sa

responsabilité dans cette affaire, Calvar a commencé à montrer des signes de dépression chronique. Il se plaignait aussi de migraines, de plus en plus fréquemment. Mais s'il avait jamais pensé à se suicider, je suis sûr qu'il aurait choisi une formule beaucoup plus discrète. Se faire sauter la cervelle au-dessus d'une dizaine de bouteilles de champagne bien frappé, c'est à la limite de l'exhibitionnisme, vous en conviendrez.

— Sait-on jamais ! Revenons à vous, monsieur Pombo, si vous le voulez bien. Après que Calvar a eu quitté le jardin pour aller chercher le champagne, vous aussi vous avez disparu et plusieurs invités ont déclaré qu'ils vous avaient vu vous diriger vers la maison.

— En effet.

— Pour quelle raison ?

— C'est très simple. Je souffre de brûlures d'estomac, ce n'est un secret pour personne. J'ai un ulcère qui se réveille aux changements de saisons; et l'alcool m'est presque totalement interdit. Si je veux quand même en boire un peu, je dois prendre au préalable un pansement gastrique que m'a ordonné le vieux Dr Julian, une sorte de plâtrage protecteur de la paroi stomacale. Je savais qu'on allait servir du champagne français. C'était bien tentant; et puis, une fois n'est pas coutume. Alors, je suis allé à la cuisine prendre un verre d'eau pour y verser ma poudre.

— Vous connaissiez donc assez bien la maison, malgré tout ?

— Non, pas du tout. Mais vous savez comment sont ces réceptions, genre cocktail ou garden-party; les invités s'approprient la maison et circulent un peu partout, verre en main. C'est madame Manteiga — toujours elle ! — qui m'a indiqué le chemin de la cuisine; elle connaissait bien les lieux et m'a accompagné jusque dans le hall d'entrée et là, elle m'a laissé pour aller se refaire une beauté dans la salle de bains.

— Bien. Le plan du rez-de-chaussée m'indique que la cuisine jouxte le garage. Pendant que vous y étiez, n'avez-vous rien entendu, rien remarqué d'insolite ? »

Long silence. L'inspecteur, impassible, dissimule son impatience. Pombo, les yeux baissés, semble ailleurs. Il se concentre. Il paraît avoir oublié l'endroit où il se trouve. Il relève enfin les paupières, regarde fixement l'inspecteur. On sent qu'il hésite à parler. Encore quelques secondes de réflexion et le voilà qui se lance :

« Si, monsieur l'inspecteur, j'ai observé une chose étrange. Cela a duré l'espace d'un instant; de ces choses qu'on enregistre sans y prêter la moindre attention, sur le moment. En faisant ma première déclaration, hier soir, devant le sergent Casimiro Paris, je n'y pensais même plus. Mais dans la nuit, j'ai dû reprendre un plâtrage, tellement mon estomac me torturait. Et là, au contact de cette boue légèrement grumeleuse sur ma langue, avec la saveur fade, grâce à cette saveur, tout à coup le souvenir m'est apparu. Seulement, c'est tellement romanesque que j'hésite encore à vous en parler. Je ne voudrais pas passer à vos yeux pour un mauvais plaisant.

— Écoutez, monsieur Pombo, nous sommes pressés. Les minutes, en début d'enquête, sont particulièrement précieuses. Alors, si vous avez quelque chose à dire, dites-le, simplement.

— J'ai vu une ombre qui filait vers la grille. »

Nouveau silence. L'inspecteur reprend :

« D'accord. Pouvez-vous préciser, donner des détails ?

— Pas grand-chose. Enfin, si, quand même. Voilà : en levant mon verre, tout en faisant tournoyer la poudre à l'intérieur, alors que je m'apprêtais à avaler, je regardais distraitement le jardin à travers la fenêtre de la cuisine. C'est alors qu'il m'a semblé voir, non, que j'ai vu une ombre, une ombre qui a traversé la zone faiblement éclairée par la fenêtre et qui s'est rapidement confondue avec l'ombre plus épaisse qui régnait dans le fond du jardin.

— Une ombre fugitive, naturellement. Une ombre dans l'ombre, mystérieuse, oubliée, mystérieusement oubliée et providentiellement retrouvée. Si vous plaisantez, monsieur Pombo, je vous assure que ce n'est ni le lieu, ni le moment. »

Pombo eut un rire nerveux, tout à fait inattendu.

« Oui, je sais, ça sent le mauvais feuilleton, la littérature de gare. Que voulez-vous que j'y fasse ? Vous pouvez tout de même m'accorder que je ne m'exposerais pas au ridicule de vous inventer une chose pareille. Il faut admettre que la réalité dépasse parfois la fiction. Non, je ne plaisante pas. Je suis d'accord avec vous : les circonstances ne s'y prêtent guère; et, pour moi, encore bien moins que pour vous. Mais, voyez-vous, ce qui me trouble le plus, c'est que j'aie pu oublier un pareil détail. Je sais bien qu'aussitôt après, nous avons tous été tellement bouleversés ! Et je souffrais horriblement de l'estomac. Je n'avais plus qu'un désir, rentrer chez moi au plus vite, m'allonger, essayer d'apaiser la douleur qui me rongeait.

— Admettons. Puisque ombre il y a, il faudrait quand même essayer d'être un peu plus précis. Aucun signe particulier ? Et, tout d'abord, le sexe ?

— C'était une ombre étrange, difforme, on aurait dit un bossu. Un homme de taille moyenne... et bossu.

— De plus en plus rocambolesque. Évidemment, il n'y avait pas de bossu parmi les invités ? Il n'y en a pas non plus dans le village, ni dans les environs ? »

Pombo regarda l'inspecteur bien en face et finit par lui dire :

« Non, monsieur l'inspecteur. Mais il y a un bavard qui, une fois de plus, aurait mieux fait de se taire. »

L'inspecteur sembla s'adoucir :

« Ne soyez pas si susceptible, monsieur Pombo. Je vous suis sincèrement reconnaissant d'avoir parlé. Pour vous montrer que je ne dédaigne pas cette piste, je vais appeler le sergent Paris qui connaît tout le monde dans le bourg, ceux qui ont pignon sur rue, les fermiers, les métayers, et aussi, les vagabonds et les trimardeurs habituels. S'il existe un bossu dans le coin, sédentaire ou nomade, il le connaît certainement. »

Casimiro entra, une cigarette à la main. Surpris sans doute par la question de l'inspecteur, il semblait frappé de mutisme. La sueur perlait sur son front qui se plissait dans un effort de mémoire intense. Il finit par déclarer qu'il ne connaissait aucun bossu dans la commune, mais que ces derniers temps, avec l'augmentation du chômage, les vagabonds de toutes sortes, les mendiants-chapardeurs portugais, et même espagnols, étaient de plus en plus nombreux et qu'il n'était pas impossible qu'un nouveau venu bossu ait échappé à son contrôle.

L'inspecteur le remercia, puis il se tourna à nouveau vers Pombo :

« Monsieur Pombo, ce sera tout pour ce matin. Je vous rends votre liberté. Mais ne vous éloignez pas. Nous aurons sans doute besoin de vous très prochainement. »

Pombo se leva, salua en silence et sortit, très droit. Ce que l'inspecteur ignorait, c'est

l'effort qu'il devait faire pour se tenir ainsi.
C'est plié en deux qu'il aurait voulu être. Son
ulcère recommençait à le faire souffrir.

*
* *

Rentré chez lui, il s'en voulut d'avoir parlé :
« Mon pauvre vieux, tu viens de lever un drôle
de lièvre, avec ton bossu ! Il fallait garder ça
pour toi. Es-tu même bien sûr d'avoir vu ce
que tu viens de décrire ? Le scepticisme de
l'inspecteur t'a certainement poussé à en
rajouter... et voilà, comme un âne, tu t'es
peut-être bien construit une certitude sur son
doute. Et maintenant, que vas-tu faire ? Tourner
en rond dans ta cuisine, la poêle à la main
et la peur au ventre ? Car, enfin, il est évident
qu'on te soupçonne et que tes brillantes
déclarations n'ont rien fait pour arranger les
choses. On parle toujours trop; ça, au moins,
c'est une certitude. Ne pense plus, détends-toi,
tâche de revivre le moment, l'éblouissement
que tu as éprouvé en rejetant la tête un peu
en arrière pour avaler ta saloperie de médicament, à cause du double tube de néon au
plafond, un de ces éclairages aveuglants, glacés,
particulièrement sinistres, et alors, là, là, entre
le rebord du verre et la barre de séparation
du premier et du deuxième carreau, dans ce
petit espace, quelque chose a passé, debout sur
deux pattes, et ce bipède-là détalait, il filait

tout droit vers la grille et sa bosse faisait
remonter le bas de sa veste très au-dessus de
ses fesses. Une bosse de pauvre, sans aucun
doute, une bosse qui n'avait pas accès au « sur
mesure ». Une bosse voyante qu'on n'essayait
pas de dissimuler sur un corps qui paraissait
de taille moyenne, un corps par ailleurs normal.
Obsédante, cette bosse ! »

Il s'immobilisa, reposa sa poêle sur le
fourneau. L'angoisse desserrait son étau. Il se
ressaisissait. Il sentait qu'il allait bientôt pouvoir
passer de l'obsession paralysante à l'action.
Oui, mais quelle action ? Il fallait reprendre les
choses par le commencement, dans la cuisine
même des Calvar, c'était évident. Tant pis pour
le protocole ! Il se dirigea vers le téléphone,
décrocha, composa un numéro :

« Allô, madame Calvar ? Pombo à l'appareil.
Je vous prie d'avance de bien vouloir excuser
cette démarche, mais il faut absolument que
j'aille chez vous, que je vous voie... Je ne peux
pas vous expliquer par téléphone... oui, le plus
tôt possible. »

Un quart d'heure plus tard, il arrivait chez
la veuve qui vint elle-même lui ouvrir la porte.
Il lui expliqua en deux mots ce qu'il avait cru
voir et ce qu'il souhaitait; c'est-à-dire procéder
à une reconstitution du fait observé. Elle-même,
en se dirigeant vers le garage, avait peut-être
remarqué un personnage insolite, quelqu'un
qui n'était pas invité. Non ? dommage. Madame
Calvar semblait beaucoup moins incrédule que

l'inspecteur. Elle accepta de bonne grâce de se
prêter à la reconstitution et de passer en
courant devant la fenêtre de la cuisine pour
aller en ligne droite du garage jusqu'à la grille,
tandis qu'il avalait un verre d'eau sous le
double tube de néon aveuglant, à la même
place que la veille. Il vit sa silhouette noire
s'inscrire très exactement entre le rebord du
verre et la barre de séparation du premier et
du second carreau. Exactement comme l'autre
silhouette, la veille. Non, il n'avait pas rêvé.
On n'invente pas ces choses-là ! La veuve
Calvar lui apprit que l'hypothèse du suicide
était définitivement écartée. L'inspecteur venait
de l'informer que le laboratoire du Dr Concheiro,
médecin légiste et professeur de médecine légale
à la Faculté de Médecine de Saint-Jacques-de-
Compostelle, n'avait trouvé aucune trace de
poudre sur les doigts et que le coup avait été
tiré à un peu plus de deux mètres de distance.
On allait délivrer le permis d'inhumer. L'enterrement aurait lieu le lendemain à cinq heures
de l'après-midi. Elle raccompagna Pombo jusqu'à
la porte, l'assura qu'elle se tenait à sa disposition
pour l'aider dans toute la mesure du possible.
Elle comprenait parfaitement que leurs points
de vue différaient totalement. Pour lui, il y
avait sa vie, ou tout au moins sa réputation,
à sauver. Pour elle, tout était fini. Peu lui
importait la justice des hommes qui ne pouvait
en rien réparer l'injustice du sort. Elle souriait
très faiblement en disant tout cela de sa voix

toujours si mesurée. Il en éprouva une grande
gêne. Il aurait voulu s'excuser, mais il ne
trouvait pas ses mots. Il finit par s'incliner
profondément, appela son chien et repartit en
baissant la tête vers sa villa. En franchissant
la grille, il faillit heurter le sergent Casimiro
qui s'étonna beaucoup de le voir là à cette
heure qui n'était certes pas une heure de visite.
Casimiro le regarda avec insistance. Pombo se
demanda quelle curiosité pouvait bien le dévorer,
mais il ne broncha pas. Le sergent finit par
exhiber un porte-documents noir : il apportait
le permis d'inhumer. Pour lui, l'affaire était
classée, ou presque.

Le ménage Manteiga

Après l'audition des deux premiers témoins,
l'inspecteur se sentit le corps et l'esprit ankylosés.
Il se leva et se mit à arpenter de long en
large le petit bureau. Il se demandait secrètement
s'il était à la hauteur d'une telle enquête. Cette
affaire arrivait beaucoup trop tard dans sa
carrière finissante. Ce qui, hier soir, lui avait
semblé une aubaine se transformait petit à

petit en une pénible corvée. Il se fit apporter un café et s'accorda un temps de réflexion. Il relut les rapports rudimentaires du sergent Casimiro. Zéro. Il fallait sortir, aller inspecter le lieu du crime et, aussi, le bureau que Calvar avait occupé à la centrale thermique. Dans la matinée, on l'avait appelé du Département de Médecine Légale de la Faculté de Médecine de Saint-Jacques-de-Compostelle : suicide impossible. Il s'en était douté dès qu'il avait vu la photo du corps effondré à plat ventre sur le sol. Il avait au moins la satisfaction de voir son jugement confirmé. Cela ne changeait donc rien à ses hypothèses de travail. D'autre part, il pouvait, pour un temps, garder cette confirmation-là pour lui. L'éventualité d'un suicide offre souvent l'avantage de délier les langues des témoins qui se piquent tous plus ou moins de psychologie, dans ce cas-là. Ils se laissent entraîner à parler plus qu'ils n'auraient voulu le faire et, dans le flot des bourdes qu'ils profèrent, on peut parfois trouver des indices intéressants. « Des bourdes » ? Pourquoi était-il si sévère envers ceux qu'il interrogeait ? Était-il tellement plus brillant lui-même ? Il sentait que le sommeil le gagnait et se fit apporter un second café qu'il avala sans plaisir, comme un médicament. Puis il décrocha son Loden et sortit.

Trois heures plus tard, après ses deux visites au garage et au bureau de Calvar, suivies d'un déjeuner léger, il se sentait mieux. Il n'avait pourtant à peu près rien trouvé, rien, sauf la confirmation des dires de Pombo : Calvar ne devait pas se tuer au travail. Son bureau cachait sous son ordre apparent des masses de papiers non classés, des embryons de rapports non rédigés, des lettres en attente de réponse. Il devait se la couler douce, celui-là ! Sans Pombo, sur lequel il se reposait, c'était évident, cela aurait pu tourner à la pétaudière. L'inspecteur n'entendait rien à l'ingénierie, mais il retirait de sa visite l'impression que la fuite de l'isotope n'avait été qu'un moindre mal. Avec des joujoux pareils, on ne se méfie jamais trop. Il fallait contrôler et recontrôler, non seulement les machines, mais surtout les hommes. Il fallait les mettre au plus vite sur ordinateurs, tous ces responsables, tous ces décideurs pleins de morgue. On interrogerait leur médecin, leur maîtresse et leur concierge, et au premier signe de fléchissement, ouste ! L'idée d'interroger le ramena à son obligation à lui et il se ressouvint du ménage Manteiga qui l'attendait bien sagement assis sur le banc de bois du couloir; une nouveauté sans doute pour leurs très bourgeoises fesses. Allez, reprends la pose, Sherlock !

Il se leva, fit entrer le mari d'abord. Elle, il la gardait pour la bonne bouche. Très soigné de sa personne, ce monsieur Manteiga, le regard doucement bovin, il avait l'air d'un brave type trop bien nourri. L'inspecteur prit sa voix de circonstance :

« Monsieur Manteiga, votre première déclaration indique que vous êtes actuellement fondé de pouvoir de la Banque Atlantique de la Corogne et que vous habitez cette ville depuis quinze ans. Marié, sans enfant.

— C'est exact.

— Pouvez-vous me dire comment vous avez connu la victime ?

— C'est un ami d'enfance. On allait ensemble à la Communale. Il habitait à côté de chez moi, à Sada. »

En prononçant « Sada », il fit une drôle de grimace. Il y eut une fêlure dans sa voix, un effondrement inattendu sur la voyelle.

« Je vois, une très vieille amitié ; une amitié à toute épreuve, sans doute ? »

Manteiga se racla la gorge et riposta avec une certaine sécheresse :

« Que voulez-vous dire par là ?

— Sans grandes brouilles, sans disputes sérieuses ?

— Si, bien sûr, on s'est quelquefois brouillés, comme tous les bons amis, mais jamais pour longtemps. »

L'inspecteur constata un changement d'attitude; il le sentait plus nerveux.

« A quel sujet ? Des histoires de filles ? d'argent ?

— Non, de politique. Vous savez, sous l'ancien régime... j'ai beau travailler dans la banque, il y a des choses... tandis que lui excusait tout, au nom de l'ordre. »

L'inspecteur l'interrompit :

« Bon, passons. Votre femme aussi connaissait monsieur Calvar depuis longtemps, n'est-ce pas ? »

Manteiga acquiesça d'un mouvement de la tête et se passa la main dans les cheveux.

« Je crois qu'ils ont même eu, autrefois, des relations assez intimes ?

— Oui, ils ont été fiancés, si c'est ce que vous voulez dire. Elle aussi, elle est de Sada. Ils avaient même fixé la date de leur mariage, et puis, en fin de compte, ça n'a pas marché. Lui, il voulait rester ici, dans la région, et surtout, vivre à la campagne. Tandis que ma femme, vous savez, elle est beaucoup plus jeune, elle est un peu... frivole, enfin, elle aime s'amuser, sortir, c'est de son âge. Elle voulait absolument vivre dans une grande ville.

— Monsieur Manteiga, pardonnez-moi une question plus délicate. Pensez-vous que votre femme et votre ami... après votre mariage... enfin, est-ce qu'ils continuaient à se voir ? »

Manteiga tira sur le revers de son impeccable blazer bleu marine; tic ? geste instinctif de défense ? Il finit par sourire.

« Non, je ne crois pas qu'ils se voyaient... en cachette. Je l'aurais su. Xavier n'est pas... je veux dire, n'était pas — hélas ! — capable de me faire une chose pareille.

— Et votre femme ?

— Elle me connaît. Elle sait bien que je ne suis pas un Othello. J'espère, je veux croire

qu'elle aurait eu le courage de me dire la
vérité.

— Je vous remercie, monsieur Manteiga. »

En se levant pour prendre congé, Manteiga
avait retrouvé son flegme, en parfaite harmonie
avec sa tenue. Il tendit la main à l'inspecteur
par-dessus le bureau. Ce geste inhabituel en
Galice — signe particulier de l'« atlantisme »
de sa banque ? — ne manqua pas de surprendre
l'inspecteur qui remarqua que Manteiga venait
encore de tirer sur le revers de son blazer en
franchissant le seuil du bureau. Cet homme-là
était peut-être plus jaloux qu'il ne voulait bien
l'admettre. Et avec les jaloux, on ne se méfie
jamais trop. L'inspecteur l'avait accompagné
jusqu'à la porte, car il voulait éviter que les
époux ne se parlent. Il les vit échanger des
sourires tendres tandis que l'un s'asseyait et
que l'autre se levait.

Le buste rejeté en arrière, les épaules
incurvées, le cou tendu, les hanches projetées
en avant et oscillant légèrement, Hélène Manteiga se dirigea vers la chaise que lui indiquait
l'inspecteur. Très spectaculaire, cette entrée...

Elle était vraiment belle; cheveux blonds
vaporeux, des yeux d'un bleu ciel assez rare,
maquillage parfait. Elle portait une robe noire,
de coupe classique; sans son décolleté plongeant,
on aurait pu la prendre pour la veuve. On
découvrait son élégance au premier coup d'œil;
sa beauté provocante ne pouvait échapper à

personne et elle devait savoir depuis longtemps tout le parti qu'elle pouvait en tirer.

Elle s'assit en face de l'inspecteur sans cesser de le regarder, en arborant un demi-sourire figé, à la manière des danseuses. Elle croisa les jambes très haut, selon la meilleure tradition cinématographique et découvrit un beau genou rond, poli comme un galet de Sada. L'inspecteur, ébloui par cette femme, dut faire un effort pour s'arracher à la contemplation et commencer l'interrogatoire.

« Madame, les nécessités de l'enquête vont me contraindre à vous poser des questions peut-être embarrassantes. J'en suis désolé, croyez-le bien et je m'en excuse à l'avance. »

Qu'est-ce qui lui prenait ? Ce ton de badinage mondain était ridicule. Elle en semblait elle-même toute surprise. Elle en profita, et renchérit, sur le même ton :

« Je vous en prie, monsieur l'inspecteur, vous n'avez pas à vous excuser. Je comprends parfaitement et suis prête à répondre à toutes vos questions. »

Il lui souriait malgré lui.

« Pour commencer, vous pourriez me renseigner sur vos relations avec la victime. Il y a longtemps que vous connaissiez Xavier Calvar ?

— Oui, c'est une amitié, ou plutôt un amour de jeunesse qui s'est transformé en amitié, et cette amitié s'est maintenue intacte en dépit du temps et de la séparation.

— Oui, en effet, vous ne fréquentiez guère la maison des Calvar.

— C'est exact. A cause de sa femme. Lucie ne m'a jamais aimée. Elle a toujours fait tout son possible pour nous éloigner, mon mari et moi, de Xavier. Je suis sûre qu'elle a dû faire des histoires quand Xavier nous a envoyé l'invitation. D'ailleurs je sais de bonne source que, juste avant l'arrivée des invités, elle a eu une forte discussion avec Xavier, à notre sujet ; et puis, tout au long de la soirée, elle n'a pas cessé de me surveiller.

— Ce comportement s'explique peut-être par le fait que vous ayez été la fiancée de Calvar avant qu'elle se marie avec lui.

— Ah, mais pas du tout ! C'est elle la première fiancée de Xavier. Il l'a laissée pour se fiancer avec moi. Puis, après notre brouille — oui, je ne voulais pas aller m'enterrer vive dans un bled pareil, vous comprenez — ils se sont mariés. Mais tout ça, c'est de l'histoire ancienne. Il y a si longtemps...

— Mais enfin, Calvar avait la réputation d'un homme à femmes, et une certaine méfiance, de la part de madame Calvar et de votre mari aussi, ne vous semble-t-elle pas justifiée ?

— Ah ! je comprends. Vous pensez qu'il était mon amant ; c'est mon mari qui vient de vous le dire, j'en suis sûre. Il est devenu invivable. Sa jalousie en est arrivée au point de me faire surveiller par un détective privé ! Quant à Xavier... (long silence). Eh bien, puisque tout

finit par se savoir, je préfère vous dire tout de
suite que nous nous rencontrions de temps en
temps à Ferrol.

— Depuis combien de temps aviez-vous des
rendez-vous avec lui ?

— Un peu plus de deux ans, je crois. Son
mariage est un échec total ; et puis, avec
l'affaire de l'isotope... Xavier se sentait si seul.
Lucie ne l'a jamais compris.

— Puisque vous le voyiez en tête-à-tête et
assez régulièrement, vous avez peut-être remarqué quelque chose d'anormal dans sa
conduite ces temps-ci ?

— Je ne comprends pas ce que vous voulez
dire par là.

— On a pensé à la possibilité d'un suicide.
Peut-être savez-vous quelque chose qui pourrait
nous aider.

— Je ne sais pas. Il est vrai qu'il était un
peu découragé après la fuite de l'isotope. Cette
affaire l'a beaucoup bouleversé. Il devait prendre
des calmants et parfois, même, je crois qu'il
en abusait. Cela me faisait peur, mais il disait
qu'il en avait besoin pour pouvoir affronter les
reproches qu'on lui faisait : les allusions à sa
négligence professionnelle et les scènes de sa
femme. En tout cas, je ne crois pas au suicide.

— Et à la vengeance d'un employé rendu
furieux par sa négligence ?

— Non, je suis sûre que tout le monde
l'appréciait. Il avait une telle classe !

— Permettez-moi de vous rappeler que le

regard d'un employé sur son patron diffère
sensiblement de celui d'une femme sur son
amant. Je vous remercie, madame. Je crois que
je n'ai plus de questions à vous poser. Si vous
voulez ajouter quelque chose d'autre, sur la
soirée d'hier par exemple, c'est le moment.

— Non, c'est tout ce que je peux dire.
Pendant la soirée, tout s'est bien passé ; enfin,
je veux dire, jusqu'au moment où... Il y a
cependant quelque chose qui m'a étonnée, mais
ça n'a aucun rapport avec la réunion.

— Dites toujours...

— En arrivant à la villa, nous avons vu un
homme qui longeait le mur du jardin. On a
cru d'abord que c'était l'un des invités,
quelqu'un d'As Pontes qui arrivait à pied, et
comme nous ne le connaissions pas, nous nous
sommes demandé qui cela pouvait bien être.
Il était facile à remarquer, parce qu'il avait
une bosse dans le dos... »

L'inspecteur sursauta :

« Une bosse ? Comment était-il habillé ?

— Il portait un costume sombre, je crois.
La nuit commençait à tomber, je l'ai mal vu,
et de dos seulement. Au bruit de la voiture, il
s'est rapproché du mur du jardin pour nous
laisser la place de passer. Mais ce qui est
curieux, c'est qu'il avait la figure tournée vers
le mur tout le temps. Je ne l'ai vu que de
dos. Il m'a paru de taille moyenne... après
tout, c'était peut-être un invité lui aussi, mais
je ne me souviens pas de l'avoir revu pendant

la soirée. Un bossu aussi outrageusement bossu, ça se remarque.

— Bon, bon... je vous remercie, madame.

— Excusez-moi, monsieur l'inspecteur, mais je voudrais encore ajouter quelque chose. A mon avis, il vaudrait mieux chercher du côté de sa femme, elle était tellement aveuglée par la jalousie que je la crois capable de tout. D'ailleurs, mes soupçons ne sont pas gratuits.

— Expliquez-vous, madame.

— Pendant la soirée, Lucie a entraîné son mari loin de ses invités pour lui parler. J'étais derrière un arbre du jardin avec l'ingénieur Pombo, et nous avons tout entendu. Elle était hystérique, elle ne faisait que répéter qu'elle n'en pouvait plus, qu'il fallait se débarrasser de moi, que je parte immédiatement. Dans le cas contraire, elle était capable de faire n'importe quoi... disait-elle. Et après, vous savez, c'est elle qui a découvert le cadavre... d'ailleurs, vous avez dû remarquer que la mort de Xavier ne lui a pas tiré une seule larme.

— Et à vous, madame ?

— Au fond de mon cœur, oui, j'ai pleuré ; j'ai perdu mon seul ami. Mais, vous comprendrez qu'avec le mari que j'ai, je dois cacher ma peine.

— Et je dois reconnaître que vous la cachez à merveille. »

Après son départ, agacé par le lourd parfum qu'elle avait laissé dans la pièce, il ouvrit la fenêtre, respira profondément, soupira. La

journée tirait à sa fin, il avait un peu mal
aux fesses d'être resté si longtemps assis sur
le fauteuil de bois. Il se mit à arpenter le
bureau. Le bossu, maintenant, on ne pouvait
plus en rire.

Pombo mène l'enquête

Les nuages s'étaient dissipés pendant la nuit.
Les premiers rayons du soleil levant dans un
ciel limpide semblaient annoncer enfin une
belle journée de printemps. Une lumière crue
envahissait la vallée. Elle inonda bientôt la
chambre et réveilla Pombo. La veille au soir,
il s'était jeté sur son lit sans même prendre la
peine de baisser les persiennes. Il avait mal
dormi, en proie à des cauchemars qui l'avaient
tourmenté toute la nuit. L'ombre du bossu le
poursuivait. Cette nuit, plus éprouvante que
reposante, lui avait au moins apporté un
conseil : aller voir le vieux Dr Julian qui
connaissait sûrement tous les bossus, tous les
tordus et tous les mal-bâtis du coin.

Lorsqu'il ouvrit sa porte, il vit son chien
allongé sur le paillasson. Cela n'était pas dans
ses habitudes. Il dormait toujours dans sa

niche. Inquiet, il se baissa pour le caresser. Il était tout froid, raide et un peu enflé. Il souleva une paupière : l'œil était vitreux. Non, ce n'était pas possible, c'était encore un cauchemar dont il fallait sortir. Il se mit à crier : « Titan, Titan ! » Le cri finit par s'étrangler dans sa gorge. Impuissant, les yeux mouillés de larmes, il fixait la queue immobile de son chien : lui qui avait si bien su lui dire toutes ses émotions et surtout sa grande joie du matin, quand son maître l'appelait en lui ouvrant la porte. Ce bonheur quotidien était donc fini. De quel droit ?

La rage l'emporta bientôt sur le chagrin. Il prit son chien dans les bras, le posa sur le siège arrière de sa voiture et partit à toute allure vers le poste de la Guardía Civil.

Le sergent Casimiro était à son bureau, devant une pile de papiers. Il semblait très occupé. Pombo entra dans la pièce, le chien dans les bras, en criant :

« Regardez mon chien ! il est mort ! On me l'a empoisonné ! »

Le sergent Casimiro cessa de fourrager dans ses papiers, releva le nez et toisa Pombo d'un œil sévère. Il tenta de le faire taire :

« Calmez-vous, monsieur Pombo ! Ne criez pas si fort, je vous en prie ! Expliquez-moi plutôt de quoi il s'agit ; et surtout parlez moins fort, vous allez déranger l'inspecteur.

— De quoi il s'agit ! Vous êtes aveugle ou quoi ? C'est clair, non ? On l'a empoisonné !

Mais, ça ne se passera pas comme ça, vous pouvez me croire !

— Monsieur Pombo, nous sommes en ce moment occupés à rechercher un meurtrier, le meurtrier d'un homme ! Alors, toute cette histoire pour un chien, non, vraiment, ça n'est pas le moment. Portez plainte, si vous voulez, et laissez-nous travailler.

— Mais vous ne voyez donc pas qu'il y a toutes les chances pour que celui qui a empoisonné mon chien soit aussi l'assassin de Calvar ? Ça saute aux yeux, pourtant ! Il faut commencer par appeler le vétérinaire, qu'on sache la cause exacte ; et chercher des empreintes, si c'est possible. »

Tout en parlant, il avait rapproché deux chaises pour y étendre le cadavre de l'animal. Casimiro s'était levé. Très raide derrière son bureau, il déclara d'un ton extrêmement sec :

« Monsieur Pombo, je sais ce que j'ai à faire. Je connais mon métier et je n'ai pas d'ordres à recevoir de vous. Pour le moment, je vous prie de vous retirer. Il criait presque, maintenant, puis il ajouta d'une voix sourde : Et avec votre chien, s'il vous plaît.

— Il n'en est pas question ! Absolument pas ! »

Le ton montait. L'inspecteur, attiré par le tapage, entra dans la pièce. Il resta stupéfait en découvrant le cadavre du chien étendu sur les deux chaises.

« Que se passe-t-il ici ?

— Monsieur l'inspecteur, mon chien a été empoisonné pendant la nuit et quelque chose me dit que cette vilenie n'est pas sans rapport avec l'assassinat de Calvar. C'est moi qu'on visait à travers cette malheureuse bête ! On devait me trouver trop curieux. C'est une mise en garde...

— Toujours autant d'imagination, monsieur Pombo ! Mais je reconnais qu'il y a là une coïncidence troublante. »

Le sergent Casimiro Paris s'était remis à brasser d'un air absent les papiers entassés sur sa table.

— Laissez-nous votre chien, monsieur Pombo, nous ferons tout le nécessaire pour tirer cette affaire au clair. Retournez chez vous et soyez tranquille : nous ne négligerons rien de ce qui peut être fait. »

Pombo remercia l'inspecteur, pivota sur ses talons et se dirigea vers la porte. Avant de sortir, il se retourna une dernière fois pour regarder son chien. Il avait l'air très malheureux. L'inspecteur s'apprêtait à regagner son bureau, quand il se ravisa, revint sur ses pas, jeta un regard circulaire dans l'antre de Casimiro où le nuage de tabac s'épaississait d'heure en heure :

« Vous avez recommencé à fumer ? J'espère au moins que ce n'est pas le surmenage que vous donne cette affaire qui en est la cause ! »

Casimiro éteignit sa cigarette, ouvrit la fenêtre et se rassit à son bureau en déclarant :

« Vous avez raison, monsieur l'inspecteur ; c'est idiot. C'est machinal. Je ne sais même pas comment ça m'a repris. Nous étions si tranquilles ici, avant...

— Que voulez-vous, c'est notre métier ! A propos de métier, commencez donc par appeler immédiatement le vétérinaire pour l'autopsie du chien. Qu'il se mette en rapport avec le laboratoire du Dr Concheiro, si c'est nécessaire. Il ne faut absolument rien négliger. Il me faudrait son rapport pour cet après-midi. Insistez bien là-dessus. »

*
* *

Pombo s'était dirigé vers la belle maison de granit du vieux Dr Julian, une maison qui devait receler bien des secrets du canton, des secrets accumulés au cours d'une longue carrière, mais dont rien n'avait jamais transpiré à l'extérieur.

La salle d'attente devait commencer à se remplir. En pénétrant dans le couloir, il avait demandé à l'infirmière de le faire passer immédiatement. C'était une femme juste et méthodique qui n'aimait pas qu'on saute son tour. Pourtant, quand elle vit dans quel état d'excitation il était, elle ne lui demanda pas d'explications et le fit passer directement dans un petit bureau attenant au cabinet de

consultations. Il devait avoir une de ces têtes !
Un moment après, la porte du bureau s'ouvrit.

« Qu'est-ce qui vous arrive, monsieur Pombo ?
C'est votre estomac, hein ? Vous n'êtes pas le
seul, vous savez ! Avec le changement de saison,
c'est normal !

— Mon estomac ? Je l'avais oublié, celui-là.
Et pourtant, c'est encore pire qu'à l'automne
dernier ce qu'il me fait endurer... Mais j'ai
tellement d'autres préoccupations que je n'y
pense même plus. Ça doit être ça, traiter le
mal par le mal. Mais je ne veux pas vous
faire perdre votre temps, docteur. Si je me
permets de vous déranger à cette heure, c'est
que je suis persuadé que vous pouvez m'aider
très efficacement. J'irai droit au but : connaissez-
vous des bossus, ici, dans le bourg, ou dans
les environs ?

— Des bossus ? »

Le Dr Julian leva les sourcils et écarquilla
les yeux, des petits yeux malicieux cachés
derrière de grosses lunettes de myope.

« Oui, je sais, cela a l'air d'une blague. Mais,
je vous en prie, ne me posez pas de questions,
pas pour le moment. Je vous expliquerai plus
tard. C'est très important pour moi ; je ne vous
dérangerais pas pour des bêtises, croyez-le bien.
J'ai besoin de votre aide et je crois que vous
êtes le seul ici à pouvoir m'aider. »

Il y eut un bref silence. Effort de mémoire
ou hésitation à parler ? Enfin, le Dr Julian se
lança :

« Il n'y a actuellement aucun bossu ici ; tout au moins, je n'en connais pas. Mais il y en avait un, il y a quelques années. Je me souviens bien de lui. C'était le grand-père de notre sergent, le vieux Paris, vous ne l'avez pas connu, sans doute ?

— Non, mais je vous en prie, dites-moi tout ce que vous savez de lui ; enfin, tout ce qu'on peut dire sans enfreindre le secret professionnel.

— Oh ! c'était un homme sans secrets, une vie à la fois banale et exemplaire. Dans sa jeunesse, il avait émigré en Argentine et à son retour il avait acheté un terrain, là où se trouve actuellement la centrale thermique. Le vieux Paris aimait sa terre et il la travaillait avec passion, avec une sorte de frénésie. Ce travail excessif avait fini par provoquer une accumulation graisseuse sur les vertèbres dorsales, une réaction de défense du corps pour protéger la partie malmenée ; je n'ai jamais vu un cas aussi intéressant. Il faut vous dire que cette déformation s'ajoutait à une scoliose beaucoup plus ancienne ; la conjonction de ces deux anomalies donnait un résultat assez étonnant. Lui, il ne s'en souciait guère. Sa grande satisfaction, sa fierté, c'était de léguer à son fils, le père de Casimiro, une bonne terre. Ça a été un coup terrible pour lui quand il a été exproprié par la centrale. A la fin de sa vie il ne sortait plus du tout. C'était devenu une idée fixe, cette centrale ! sa bête noire ! Je l'ai assisté dans ses derniers moments : il en parlait encore sur son lit de mort.

— Oui, je comprends. Et son fils n'a pas cherché à racheter de la terre ailleurs ?

— Non, le vieux avait dû épuiser l'énergie de la génération suivante avec la sienne. Avec l'argent des terrains, son fils, le père de Casimiro, s'est acheté une « cantine », un de ces petits cafés-épiceries où l'on trouve de tout. Lui, malheureusement, il n'y a trouvé qu'une mort prématurée ; vous savez ce que c'est, de tasses de Ribeiro [1] en petits verres d'eau-de-vie, il a sombré dans l'alcoolisme.

— Et Casimiro ?

— C'était un gamin débrouillard, assez vif, heureusement pour lui, car il ne lui est presque rien resté de l'héritage du grand-père. Le café-épicerie était en faillite quand il en a hérité. Enfin, il a réussi à se faire une petite situation dans la police ; fonctionnaire, c'était une solution comme une autre. Voilà ! c'est tout ! »

Pombo se leva, remercia chaleureusement le médecin et prit rapidement congé : il devait se rendre à la centrale pour reprendre son travail, celui de Calvar et le sien, qui s'était accumulé pendant son absence.

*
* *

1. Ribeiro : vin blanc léger et très agréable, servi dans de petites tasses de porcelaine blanche appelées « tazas ».

Dans la soirée, il retrouva Elvire au bar du Fornos, comme ils en étaient convenus. Elle ne s'étonna pas de le voir arriver seul : elle était allée aux nouvelles dans la matinée et avait vu Titan encore allongé sur les chaises ; elle s'était fait rabrouer par Casimiro qui semblait beaucoup plus occupé que la veille et beaucoup moins disposé à bavarder. Elle était ensuite allée jusqu'à la Corogne voir son copain de la B.I.C. ; sans résultat. Pombo raconta longuement sa découverte du chien mort et toute sa triste journée. Pendant qu'ils parlaient à voix basse, Casimiro entra et se fit servir un vin blanc. Il les regardait avec une curiosité mal déguisée. Pombo en revenait toujours à son chien. Il éleva un peu le ton, pour dire d'une voix mi-indignée, mi-consternée :

« Le vétérinaire l'a confirmé : Titan a été empoisonné à la strychnine ! »

A l'autre bout du comptoir, le sergent Casimiro les observait toujours. Il finit par se rapprocher ; il cherchait visiblement à entrer en conversation avec eux. Il les aborda en plaisantant :

« Vous deux, au moins, vous ne perdez pas votre temps... On vous voit beaucoup ensemble depuis hier. Quelquefois, le malheur des uns fait le bonheur des autres ! »

Pombo le fusilla du regard :

« Le bonheur ? quel bonheur ? Celui d'avoir perdu mon chien ? »

Casimiro, vexé, regagna son coin. Il alluma une cigarette en leur tournant le dos.

« Tiens, vous fumez maintenant, monsieur Paris ? » lui dit la patronne.

Pombo, surpris, leva les yeux. Il avait déjà entendu cette remarque ; mais quand ? et où ?

Il attendit le dîner pour faire à Elvire le récit détaillé de sa visite au Dr Julian. Elle insista pour qu'il prenne une chambre à l'hôtel. Elle trouvait que c'était imprudent de rentrer dormir seul chez lui. Il la rassura : il était sur ses gardes et bien décidé à faire payer très cher la peau de son chien.

Qu'elle était belle ma vallée !

Pombo freina légèrement et passa en seconde. Plus il approchait, plus il conduisait lentement. La nuit était tombée. Il scrutait l'ombre de chaque côté du chemin de terre qui conduisait à sa maison. Il s'arrêta au ras de la grille, laissa son moteur en marche, descendit pour ouvrir et franchit d'un pas vif les cinq mètres qui le séparaient du garage. Il s'apprêtait à l'ouvrir quand soudain une ombre géante se découpa à côté de la sienne, sur la porte encore fermée. Pombo reconnut à l'instant cette silhouette difforme, monstrueusement agrandie : l'homme était derrière lui, encore tout près des phares. C'était lui. Il le laissa venir. Le gravillon crissait tandis que l'ombre décroissait sur la porte. La rage de Pombo décuplait ses facultés, le temps se dilatait, il se sentait invincible. Brusquement, il fit un quart de tour et son bras gauche se détendit comme un ressort. Il avait réussi à détourner le coup sans l'éviter complètement : la lame déchira sa manche et entailla son avant-bras. Mais l'agresseur avait reçu son direct en plein estomac : il chancelait. Pombo se rua sur lui ; ils roulèrent ensemble sur le sol. Pombo lui assena un second coup de poing, un magistral uppercut dont il ne se remettrait pas de sitôt. Puis, il le traîna à l'intérieur de la maison. Il alluma et le contempla d'un air satisfait. C'était bien celui qu'il attendait. Il lui redonna un dernier coup de poing, plus modéré cette fois, par simple prudence, et courut à la cuisine chercher une corde. Il le ligota soigneusement à une chaise. En serrant la corde, il éprouva une très grande satisfaction intellectuelle ; la bosse cédait sous la pression. Il tenait sous ses doigts la solution du problème, il en palpait la preuve tangible.

Tandis que Casimiro — car c'était bien lui — reprenait ses esprits, Pombo se dirigea vers son bureau pour appeler la police. Il avait à peine décroché, qu'il entendit des bruits de pas dans l'entrée. La peur l'immobilisa. Des complices ! il était perdu ! Il fit face. L'inspecteur entrait, accompagné de deux agents. Pombo était ébahi.

« Là, franchement, je vous étonne, monsieur Pombo ? Pas besoin de m'appeler, j'étais à portée de voix, ou presque. Je vous fais suivre depuis ce matin. »

Pombo semblait pétrifié. Le sang glissait le long de sa main gauche et tombait en grosses gouttes sur le parquet. L'inspecteur s'adressa à un agent :

« Il est blessé ! Vite, emmenez-le chez le Dr Julian. »

Pombo regarda sa main. Il ne sentait rien ; il sourit :

« Non, pas la peine ; simple estafilade ! »

Il enleva lentement son veston et sa chemise qu'il enroula en serrant bien, autour de la blessure :

« Ça peut attendre ! »

Casimiro reprenait ses esprits. Il se mit à s'agiter et à hurler :

« Escroc ! voleur ! tous les mêmes ! vous êtes tous des salauds, tous des escrocs, tous des voleurs, tous des larbins de l'État !

— Eh bien, monsieur Pombo, reprit l'inspecteur, nous avons fini par le trouver, votre bossu... et, à ce que je vois, un bossu au dos bien droit.

— Oui, monsieur l'inspecteur ; mon bossu imaginaire, que je n'ai pas été le seul à voir, s'il faut en croire Hélène Manteiga, mon bossu n'existait pas, c'est vous qui aviez raison. Mais j'étais menacé, et là, je n'avais pas tort. Heureusement que j'étais sur mes gardes. »

L'inspecteur se tut. Il se sentait mal à l'aise. Il avait pris trop de risques et avait frôlé la catastrophe. Perplexe, il observait Casimiro qui écumait de rage. Pombo le regarda aussi, soudain pris de pitié. Il n'y avait plus qu'à attendre, qu'à le laisser vider son sac. Le sergent passait maintenant de l'exaltation à l'abattement ; il bégayait :

« Je... je... je le referais, si c'était à refaire. Vous ne pouvez pas comprendre, vous ne comprendrez jamais ! »

Il avait raison. Il était mû par une passion que ces deux bureaucrates ne pouvaient partager. Ils n'étaient pas du même monde, lui et eux.

« Mais pourquoi vous en prendre à Calvar et à Pombo ?

— Et à qui d'autre, alors ? A qui ? Entre leurs quatre tours puantes, ils se prenaient pour les nouveaux seigneurs de la vallée... aussi fiers, aussi durs, aussi voleurs que les seigneurs d'autrefois.

— Qu'est-ce que vous racontez là ? Vos terres, on vous les a payées, on vous les a même très bien payées », intervint Pombo.

Casimiro s'affaissait pitoyablement :

« Tout ce que je sais, c'est que cette centrale a causé le désespoir et la mort de mon grand-père ! Elle a poussé mon père à l'alcoolisme. Parce qu'on leur a donné quatre sous, on se croyait quitte envers eux. Mon grand-père s'est tué au travail sur cette terre-là ! Pourquoi ? hein, pourquoi ?

— Et Calvar, pourquoi l'accuser ? Quand il a pris son poste, il ignorait à peu près tout des transactions des terrains... »

Paris recommença à s'énerver :

« Mais si ! C'est lui et lui seul qui a causé la mort de notre vallée... avec sa mine, sa centrale, ses odeurs infectes d'anhydride sulf-hydrique. »

Il baissa la tête et se tut. L'inspecteur reprit :

« Mais enfin, comment l'idée folle de l'assassiner dans son garage a-t-elle pu germer dans votre tête ?

— J'attendais une occasion, depuis des années. Je la tenais enfin. Je savais tout sur les préparatifs de leur cocktail, comme ils disent ! Depuis huit jours, le garçon du Fornos ne parlait plus que de ça. Ah ! ils ne se refusaient rien, ceux-là ! Le champagne dans la bassine, la brouette qu'il viendrait chercher à dix heures. Je n'avais qu'à me glisser dans le garage. Dès qu'il est entré, je l'ai visé et au moment où il s'est redressé, j'ai tiré. »

L'inspecteur était atterré. Pombo reprit, à son tour :

« Et moi ? pourquoi, moi ? Et mon chien ? pourquoi, hein ? pourquoi ?

— Votre chien, c'est une erreur. C'est vous que j'aurais dû tuer à sa place, sans perdre mon temps à vous intimider. Pourquoi vous mêliez-vous de ce qui ne vous regardait pas ? Vous l'avez cherché ! Mais je ne regrette rien, non ! Avec votre centrale, vous avez fait le malheur de trois hommes : mon grand-père, mon père et moi. Deux ingénieurs de moins, ce n'était pas payer trop cher ! »

Sa voix se brisa. Il se débattait à nouveau comme un forcené. Pombo et l'inspecteur comprirent qu'ils n'en tireraient rien de plus. Il était arrivé au bout de sa logique. A quoi bon prolonger ce dialogue de sourds ? Pour tenter de le calmer, Pombo dégagea son bras droit et lui tendit une cigarette. Il la jeta à terre et la piétina en criant :

« Non, je ne fume pas ! Je ne fumerai plus jamais ! J'ai fait ce que j'avais à faire ! »

L'inspecteur se tourna vers Pombo :

« Le fait qu'il se soit mis à fumer comme un sapeur m'avait alerté ; je connaissais l'histoire des terres expropriées ; je savais que vous étiez menacé, monsieur Pombo. Comme je vous l'ai dit, je vous faisais suivre, j'avais fait placer des gardes autour de votre maison... »

Pombo l'interrompit :

« Je vous en remercie, mais si je n'avais pas été sur le qui-vive, je serais mort à l'heure actuelle.

— Il y a dans toute tactique une part de risque inévitable. Il fallait l'amener à se démasquer. Je comptais sur sa peur d'être découvert et sur son exaspération qui le rendraient forcément imprudent. Ce qui n'a pas manqué de se produire. Mais je dois avouer que je n'aurais jamais cru qu'il irait aussi loin.

— Moi, au contraire, je ne suis pas surpris. Son attitude me paraissait de plus en plus bizarre ces derniers temps.

— Vous le soupçonniez donc... depuis quand ?

— D'abord, en voyant la sueur qui perlait sur son front quand vous l'avez interrogé, hier matin, sur les bossus. Il avait peur. Et puis, peu après, en sortant de chez madame Calvar après notre reconstitution personnelle de ce que j'avais vu, ou cru voir. Nous nous sommes croisés à la grille. Là encore, j'ai senti que non seulement il avait peur, mais qu'il m'espionnait. Enfin, hier soir, au bar du Fornos, il a voulu se mêler à ma conversation avec mademoiselle Fidalgo, vous savez, la journaliste de *La Voz de Galicia*, en faisant semblant de nous prendre pour des amoureux. Son intervention sonnait tellement faux à ce moment-là... Le fait aussi qu'il se soit mis à fumer sans arrêt, ce qui surprenait jusqu'à la patronne du Fornos... Je suis passé du soupçon à la certitude après que le Dr Julian m'a eu raconté l'histoire du malheureux grand-père. C'était clair : Casimiro Paris a voulu venger son père et son grand-père auquel il s'est identifié. La bosse, c'était son désir de la porter, de l'exalter, beaucoup plus qu'une ruse pour échapper à la justice. La fausse bosse était le signe d'un envoûtement véritable. Envoûtement aussi de la terre qui l'a nourri et qui s'est nourrie à son tour du vieux corps qu'elle avait brisé, notre terre de Galice, si fertile en prodiges et en sortilèges, notre Terra Meiga [1]. Sa puissance secrète a fini par refluer devant celle des mégawatts et Casimiro n'est qu'une épave qu'elle abandonne entre vos mains.

— Eh bien, monsieur Pombo, si jamais vous perdez votre poste d'ingénieur, vous aurez une place toute trouvée dans l'investigation policière, à moins que vous ne préfériez la psychanalyse... »

Pendant cette petite passe d'armes, les deux agents déliaient Casimiro et lui retiraient tout ensemble son veston et sa bosse : elle était faite de serviettes-éponges roulées en boule et collées avec du sparadrap à la doublure du veston. La bosse du grand-père ! Quelle misère !

*
* *

1. Meiga signifie sorcière, en galicien ; Terra Meiga, la « terre ensorceleuse », est le surnom donné à la Galice.

Le 9 mai au matin, en dépliant son journal, Elvire eut la satisfaction de voir son article en première page, avec un gros titre sur trois colonnes :

COUP DE THÉÂTRE à AS PONTES
de notre envoyée spéciale Elvire Fidalgo

Grâce à elle, les lecteurs de *La Voz de Galicia* allaient bénéficier les premiers du récit circonstancié des événements ; un vrai scoop ! Tandis que l'*Ideal*, la *Region* de Orense, le *Correo* de Santiago, le *Progreso* de Lugo, le *Faro* de Vigo et le *Diario* de Pontevedra n'offraient que la nouvelle inexpliquée de l'arrestation du sergent Paris.

Bien joué ! Le journal devrait lui en savoir gré... et Pombo aussi, peut-être ?

Avant même que le téléphone ait sonné, son cœur battait déjà la chamade.

Saint-Jacques-de-Compostelle, le 25 avril 1983.

PALMARÈS DU CONCOURS D'ŒUVRES POLICIÈRES EN ESPAGNE « ÉNIGME 83 »

1ᵉʳ prix national : **DA CAPO.** Instituto de Bachillerato mixto n° 3 de Granada.

2ᵉ prix national : **POURQUOI ?** Instituto de Bachillerato « Paix Penedes » de Vendrell (Tarragona).

3ᵉ prix national : **LA GILA.** Alliance française de Valladolid.

4ᵉ prix national : **LE CONCOURS.** École officielle de langues de Zaragoza.

Ex æquo : **LE DERNIER CAS DU COMMISSAIRE CHARNOT.** Alliance française de Lerida.

PRIX SPÉCIAUX

1ᵉʳ prix spécial (bande dessinée) : **MON AMI L'EXTRA-TERRESTRE.** Instituto de Bachillerato « Luis Cernuda », Puerto de Las Alazores (Sevilla).

1ᵉʳ prix spécial (littérature) : **UN POIGNARD D'OMBRE.** I. B. « Luis Vives » de Valencia.

2ᵉ prix spécial (littérature) : **LE THÉORICIEN.** Universidad Complutense de Madrid.

3ᵉ prix spécial (littérature) : **LA ONZIÈME VEUVE (TERRA MEIGA CONTRE MGW).** Universidad de Santiago de Compostela.

MENTIONS SPÉCIALES

Mention « meilleur dénouement » : **SOUVENIR DE VACANCES.** I. B. mixto n° 1 « Bachiller Sabuco », Albacete.

Mention « meilleure vidéo-cassette » : **UNE VISITE ÉNIGMATIQUE.** I. B. « Cerdanyola », Barcelone.

Mention « meilleure cassette » : **QUI A TUÉ LA BELLE DE CADIZ ?** Escuela de Idiomas, Cadiz.

Mention « meilleur rythme narratif » : **AU RENDEZ-VOUS DE LA MORT.** I. B. « Ramon Menéndez Pidal », La Coruña.

Mention « meilleur travail personnel des élèves » : **H.C.N. OU LA MORT ÉTUDIE LA CHIMIE.** I. B. « Jovellanos », Gigon.

Mention « meilleures illustrations » : **UNE PARTIE PERDUE D'AVANCE.** I. B. « Brianda de Mendoza », Guadalajara.

Mention « meilleure couleur locale » : **PLUS QU'UN SIMPLE MUS.** I. B. « San Martin de Valdeiglesias », Madrid.

Mention « meilleur choix de l'assassin » : **LAMIAK.** Université d'Oviedo, Oviedo.

Mention « meilleure évocation de coutumes locales » : **AURORA FUENTES.** I. B. « Santa Teresa de Jesus », Las Palmas de Gran Canaria.

Mention « meilleur dialogue » : **DOSSIER ROUGE.** I. B. « Valle Inclan », Pontevedra.

Mention « meilleures photos d'accompagnement » : **ESPOIR DANS LE VIDE.** I. B. mixto n° 3, « Barrio Pesquero », Santander.

Mention « meilleur épilogue humoristique » : **QUEL-QUES JOURS DE VACANCES.** San Sebastian.

Mention « Agatha Christie » : **LA DIFFICILE AFFAIRE DU COMMISSAIRE.** École Normale de Castellon, Valence.
Mention « meilleure conduite de l'enquête » : **CET ENDROIT ÉTAIT TROP BEAU POUR UN CRIME.** Alliance française de Vigo.

Pour toute information sur le concours « Enigme 83 », s'adresser au Ministère des Relations Extérieures, Sous-Direction de la Politique Linguistique, 23, rue La Pérouse, 75116 Paris, France.

Table

Imprimé en France par Hérissey, 27000 Évreux — n° 50617
Dépôt légal : n° 6886-03-1990 — Coll. n° 05 — Éd. n° 04